그리스·로마 신화 3
헤파이스토스 아테나 포세이돈 헤스티아

메네라오스 스테파니데스 글 · 야니스 스테파니데스 그림

25년 동안의 신화 연구 끝에 완성한 이 작품은 1989년 세계에서 가장 오래되고 권위 있는 어린이 문학상 피에르 파올로 베르제리오상을 수상했습니다.

정재승 추천

KAIST에서 물리학을 전공하고 예일대학교 의대 정신과 연구원, 컬럼비아대학교 의대 정신과 조교수를 거쳐 현재 KAIST 바이오및뇌공학과 교수와 융합인재학부 장으로 연구하고 있습니다. 의사결정 신경과학을 통해 정신질환을 탐구하고 사람을 닮은 인공지능을 개발합니다. 《과학 콘서트》《물리학자는 영화에서 과학을 본다》《인류탐험보고서》《인간탐구보고서》등을 기획하거나 썼습니다. 책 읽기를 즐기며, 과학적 상상력과 신화적 상상력을 연결하고 싶어 합니다.

그리스·로마 신화 3

헤파이스토스 아테나 포세이돈 헤스티아

메네라오스 스테파니데스 글 | 야니스 스테파니데스 그림 | 정재승 추천

1판 1쇄 발행 2022년 4월 15일 | 1판 6쇄 발행 2024년 4월 1일
펴낸이 정중모 | 펴낸곳 파랑새 | 등록 1988년 1월 21일(제406-2000-000202호)
편집장 서경진 | 편집 정혜연 | 디자인 권순영
마케팅 김선규 | 홍보 최은서, 고다희 | 온라인사업팀 서명희
제작 윤준수 | 관리 고은정, 구지영, 홍수진
주소 경기도 파주시 회동길 152 | 전화 031-955-0700 | 팩스 031-955-0661
홈페이지 www.yolimwon.com | 전자우편 bbchild@yolimwon.com
ISBN 978-89-6155-971-3 74800, 978-89-6155-964-5(세트)

Greek Mythology

Text copyright © Menelaos Stephanides Illustrations copyright © Yannis Stephanides
All rights reserved. Korean translation copyright © 2022 by BlueBird Publishing Co.
Korean translation copyright arranged with Sigma Publications F.& D. Stephanides O.E.
through Shinwon Agency Co., Seoul.

이 책의 한국어판 저작권은 Shinwon Agency를 통한 독점 계약으로 파랑새에 있습니다.
저작권법에 의해 한국 내에서 보호를 받는 저작물이므로 무단 전재와 무단 복제를 금합니다.

어린이제품안전특별법에 의한 제품 표시
제조자명 파랑새 | 제조년월 2024년 3월 | 제조국 대한민국 | 사용연령 12세 이상

그리스·로마 신화 3

헤파이스토스 아테나 포세이돈 헤스티아

메네라오스 스테파니데스 글
야니스 스테파니데스 그림

파랑새

"현명한 자는
영혼을 다스리고,
어리석은 자는
영혼의 지배를 받으리라."

| 추천사 |

뇌과학으로 신화 읽기: 갈등

초등학교 4학년 때 담임 선생님께서 그리스·로마 신화에 나오는 흥미로운 이야기를 들려주신 적이 있다. 최고의 영웅 헤라클레스의 무용담이었다. 제우스의 아들 헤라클레스는 인간은 물론이고 신들과 싸워서도 진 적이 없는 무적의 용사였다. 그런 헤라클레스가 숲길을 걷고 있을 때 작고 초라한 괴물 하나가 나타나 달려들었다. 헤라클레스는 이 작은 괴물을 간단히 물리쳤다.

그런데 얼마 되지 않아 그 괴물이 다시 나타나 헤라클레스를 공격했다. 이번에도 헤라클레스는 괴물의 공격에 반격했지만,

어찌 된 영문인지 괴물은 처음 만났을 때 보다 훨씬 강해져 있었다. 괴물을 가까스로 물리치고 숲길을 빠져나오려는데, 헤라클레스 앞에 또다시 그 괴물이 나타났다! 이번엔 더욱 더 강력해진 모습으로 말이다. 도저히 맞서 싸울 수 없자, 헤라클레스는 가까스로 도망쳤다. 그리고 지혜로운 전쟁의 여신 아테나를 찾아가 그 괴물의 정체가 무엇인지 물었다.

 아테나는 헤라클레스에게 괴물이 무엇인지 일러주었다. 그 괴물은 맞설수록 더욱 강해지는 녀석이라고. 그러니 상대하지 말고 못 본 척 놔두는 것이 현명하다고. 그러면 스스로 점점 작아져서 이내 사라질 거라고. 이 괴물의 이름은 바로 '다툼'이었다. 주먹다짐을 한 친구 녀석들에게 선생님께서 들려주신 이야기였다.

이번 3권에서는 '갈등'이라는 개념을 열쇳말로 주목하길 바란다. 삶은 갈등의 연속이다. 인생은 계획대로 되지 않는다. 친구들은 내 마음을 알아주지 못하고, 세상은 내 뜻대로 돌아가지 않는다. 그리스·로마 신화 3권은 신들마저도 숱한 갈등에서 헤어나오지 못하고 쩔쩔매는 모습을 보여준다. 때로는 질투심에 불타올라 상대를 죽이기도 하고 심하게는 대규모 전쟁을 벌이기도 한다. 전쟁의 신 아레스에서부터, 불과 대장장이의 신 헤파이스토스, 가뭄과 홍수 그리고 폭풍과 지진을 주관하는 포세이돈,

헤라클레스와 킥노스에 이르기까지……, 신들의 갈등은 인간 군상을 고스란히 보여준다.

갈등이 다툼으로 번지고 마는 건 우리 내면에 자리 잡은 심리 때문이다. 바로 라틴 격언 'Par pari referre.'(은혜는 은혜로, 원한은 원한으로.)로 압축할 수 있는 마음인 것이다. 하지만 우리 모두, 또 다른 라틴 격언 하나를 마음에 새기도록 하자.

'Animo imperabit sapiens, stultus serviet.'
 (현명한 자는 영혼을 다스리고, 어리석은 자는 영혼의 지배를 받으리라.)

정재승 (뇌과학자, 『과학콘서트』『열두발자국』 저자)

| 차례 |

추천의 글 6

헤파이스토스 15

아레스 61

아테나 97

포세이돈 149

헤스티아 173

헤파이스토스

다리를 저는 아기가 탄생하다

헤라가 위대한 제우스와 결혼해서 하늘의 여왕이 되었던 그 머나먼 옛날로 다시 거슬러 올라가자.

헤라는 제우스와의 사이에 첫아이를 가졌고 그 아이가 태어나기를 기다리고 있었다. 그녀는 곧 태어날 자신의 아이가 올림포스의 자랑거리이자 부모의 사랑을 독차지할 거라고 믿었기에 그 기쁨은 이루 표현할 수가 없었다.

하지만 헤라는 기대와는 정반대로 너무나 못생기고 다리까지 저는 아들을 낳았던 것이다. 그 아이가 바로 헤파이스토스이다. 헤라는 아이를 보자마자 하늘에서 던져 버렸다.

어머니가 자기 아들을 버리다니 정말 있을 수 없는 잔인한 일이라고 생각하겠지만 그 당시에는 그렇지가 않았다.

역사의 기록을 살펴보면, 고대 스파르타에서는 몸이 불편한 아기를 낳은 어머니는 타이게투스산의 언덕 위에 있는 카이아다스의 끔찍한 나락으로 아이를 던져야만 했다.

그들은 이런 일에 대해서 한 번도 잘못됐다고 생각한 적이 없었다. 오히려 그들은 최고로 민첩하고 강한 군사를 원하는 나라를 위해서 자신들의 의무를 다하고 있다고 믿었던 것이다.

그리고 이 잔인한 관습은 하룻밤 사이에 생긴 게 아니었다. 이는 아주 오래전부터 이어져 온 관습이었으며 전쟁을 중요하게 생각했던 스파르타가 이 관습을 조금 더 오래 지켰던 것뿐이었다.

여러분이 이 시리즈의 앞 권에서 보았듯이, 사람들은 숲속에서 살아남기 위해 갖은 고생을 하며 지낸 시절이 있었다. 그때 많은 아이들이 태어났지만 살아남은 아이는 매우 적었다. 그 가운데에서도 살아남을 확률이 가장 적은 것은 장애를 가진 아이들이었다.

그런 이유 때문에 몸이 불편한 아이들을 버리는 것이 나쁜 행동이라기보다는 오히려 신들의 의지에 복종하는 일이라고 여겼던 것이다.

이 시절에 사람들은 매우 힘들고 어렵게 살았다. 그에 따라 관습도 냉정할 수밖에 없었다. 그들의 신화에는 그 당시의 고달픈 삶과 냉정할 수밖에 없었던 관습이 담겨 있는 것이다. 우리에게는 이상한 신화처럼 보일지 모르지만 그 당시 사람들에게는 아니었다.

바다에 떨어지다

헤라는 자신이 낳은 아기가 못생긴 데다가 다리까지 저는 것을 보고 너무 화가 나고 모욕감을 느꼈다. 그래서 갓 태어난 아기의 다리 하나를 잡고는 머리 위로 두 번 돌려서 올림포스산 너머로 던져 버렸다.

헤라의 힘이 얼마나 세었던지 아기는 꼬박 하루 동안이

나 계속해서 떨어지다가 둘째 날 새벽이 되어서야 바다 밑으로 곤두박질쳤다.

만약 이 아기가 대장간과 불의 신인 헤파이스토스가 아니었다면 아마도 바다에 빠져서 영원히 사라졌을 것이다.

바다의 여신인 테티스와 에우리노메는 이 꼬마 신을 불쌍히 여기고 돌봐 주었다.

헤파이스토스는 사파이어처럼 파란 바닷속 동굴에서 살게 되었다. 비록 그는 다리를 저는 데다 못생겼지만 성실하고 착하게 자라났다. 그리고 자신을 구해 주고 어른이 되기까지 키워 준

두 여신을 사랑했다.

대부분의 사람들은 파란 바닷속에서 바다의 여신들이 키운 헤파이스토스도 바다의 신이 되지 않았을까 생각할 것이다.

하지만 그는 물과 정반대인 물질의 신이 되었다. 바로 불의 신이 된 것이다.

헤파이스토스가 불길을 의지대로 조종하다

불에 대한 헤파이스토스의 사랑은 다음과 같이 시작되었다.

어느 날 바다에서 나온 헤파이스토스는 산꼭대기에서 뿜어져 나오는 불길을 보았다. 그는 화산이 무척 많은 렘노스섬의 해변에 발을 디딘 것이었다.

그날 밤 헤파이스토스는 그 놀라운 광경에 빠져들어 눈을 뗄 수가 없었다. 그는 야만적인 웅장함을 흠모하면서 화산 중에서도 가장 큰 곳으로 다가갔다. 그는 불길이 하늘로 솟아오르고 녹은 용암이 산 옆으로 흘러내려오는 것을 보았다.

헤파이스토스는 그 모습을 보면서 깊은 생각에 잠겼다.

'저런 불을 이용해서 쇠를 달구면 꼭 필요하고 매력적인 것들을 만들어 낼 수 있을지도 몰라.'

그는 결의에 가득 찬 목소리로 말했다.

"해 보겠어. 저 용암이 내게 방법을 가르쳐 주었어. 어렵겠지만 난 반드시 해내겠어."

그러고는 온 힘을 다해 일에 매달렸다.

헤파이스토스는 이렇게도 해 보고 저렇게도 해 보았다.

그는 땀을 비 오듯 흘려 가며 갖은 고생을 한 끝에 마침내 바라던 일을 해내고 말았다. 렘노스에 대장간을 만들고는 불에 빨갛게 달궈진 쇠를 땀을 줄줄 흘려 가면서 망치로 때렸다.

불의 신 헤파이스토스는 날마다 몇 시간씩 일했다. 맨 처음에는 그 일이 무척 피곤했다.

하지만 헤파이스토스는 점점 힘든 일을 잘 견디게 되었고 일은 그를 더욱 강하게 만들었다. 그의 어깨는 넓어졌고 가슴은 더 강해졌으며 팔 근육들은 쇠처럼 단단해졌다.

올림포스의 신이나 거인 중에서 불의 신 헤파이스토스처럼 팔이 튼튼한 이는 없었다. 하지만 그의 다리는 여전히 약했다. 그의 다리는 무겁고 근육이 잘 잡힌 몸을 겨우 지탱하고 있었다. 다른 신들은 발꿈치에 달린 날개로 날아다녔지만 그는 지팡이를 짚고 다리를 절며 다녀야 했다.

하지만 헤파이스토스는 전혀 신경 쓰지 않았다. 그는

오로지 일을 위해서만 살았다. 곧 이 세상에서 헤파이스토스를 따를 기술자가 없게 되었다. 그는 철, 동, 금, 은 등을 가지고 멋진 예술 작품들을 만들어 냈다.

어느 날, 헤파이스토스는 불을 이용해서 만든 훌륭한 물건들을 감상하고 있었다. 그러다가 어렸을 적에 자신을 키워 주고 도와준 바다의 여신들을 기쁘게 해 줘야겠다고 결심했다.

그래서 그는 금과 은과 반짝거리는 보석들을 가져다가 이 세상 어디에도 없는 가장 아름다운 장신구를 만들었다. 그러고는 테티스와 에우리노메에게 베풀어 준 은혜에 대한 감사의 표시로 선물했다.

정말 멋진 보석이군요!

올림포스에서 열린 잔치에서 헤파이스토스의 어머니인 헤라는 테티스의 장신구를 보게 되었다. 그것은 불보다 더 밝게 빛나는 목걸이였다.

"정말 아름다운 보석이에요!"

헤라는 테티스가 자신에게 인사하러 가까이 다가오자

이렇게 말했다.

"이 세상에 이렇게 대단한 예술가가 있었는데 어째서 나는 그에 대해서 한 번도 들어 보지 못했을까? 바다의 여신님, 나에게 그의 이름을 말해 주지 않겠어요?"

테티스는 올림포스의 안주인인 헤라의 부탁을 거절할 수 없었다. 그래서 예술가의 이름은 헤파이스토스이고, 그는 자신에게 이것보다 더 아름다운 보석들을 많이 만들어 주었다고 얘기했다.

"헤파이스토스를 아실 거예요."

테티스가 의미심장한 미소를 지으며 다시 말했다.

"그에게 가 보세요. 헤라님에게도 아름다운 보석을 기꺼이 만들어 줄 거예요."

헤라가 그에게 갈까 말까 고민하고 있는 그 순간에, 머나먼 렘노스에서는 헤파이스토스가 올림포스에서 자신을 내쫓은 어머니를 위해 깜짝 선물을 준비하고 있었다.

그의 눈은 짓궂음으로 반짝반짝 빛났고 곧바로 자신의 생각대로 움직였다. 풀무가 부풀어 오르면서 대장간 안의 불이 다시 한번 크게 일어났다.

쇠는 빨갛게 달궈졌고 망치는 불꽃을 튀면서 모루에 쾅쾅 부딪쳤다. 헤파이스토스의 가슴에서 흐르는 비지땀은 불빛 속에서 번들거렸다.

헤라를 위한 선물, 황금 왕좌

헤파이스토스는 지치지도 않고 열심히 일했다. 그의 막강한 팔에서는 근육이 불뚝불뚝 솟아올랐고, 그는 불에 달구어 약해진 금속을 마음대로 구부리고 있었다.

　헤파이스토스가 열심히 일한 대가로 귀한 보석들로 장식된 순금으로 만들어진 값비싼 왕좌가 대장간의 어둠 속에서 빛을 내고 있었다.

　불의 신 헤파이스토스는 뿌듯한 마음으로 자신의 작품을 감상했다. 이 세상 어디에도 이런 왕좌를 찾아볼 수 없을 것이다.

　황금 왕좌는 거의 다 완성된 것처럼 보였다.

　하지만 헤파이스토스는 일을 다 끝낸 것이 아니었다. 그는 다시 한번 풀무로 불길이 일게 만들었다. 그러고는 눈에 독기를 품고 부젓가락(화로에 놓아두고 쓰는 쇠젓가락) 한 쌍을 불에 달구어선 뭔가 무거운 것을 쥐고 있는 것처럼 꺼내 올려 모루 위에 던졌다.

　하지만 아무것도 보이지 않았다.

　그리고 나서 그는 가장 무거운 망치를 꺼내 아무것도 놓여 있지 않은 모루를 향해 뭔가 만드는 것처럼 미친 듯이 내려쳤다.

　사실 헤파이스토스는 자신 외에는 아무에게도 보이지

않는 금속을 가지고 일하고 있었다.

그는 그 금속으로 자신만이 볼 수 있는 절대로 부러지지 않는 사슬을 만들었다.

헤파이스토스는 사슬을 다 만들자 황금 왕좌에 묶어서 헤라에게 선물로 보냈다.

헤라는 훌륭한 선물을 보자마자 기뻐서 펄쩍 뛰었다. 물론 그녀는 멋진 황금 왕좌만 볼 수 있었고, 거기에 달려 있는 투명 사슬에 대해서는 생각하지도 못했다.

그녀는 신과 인간의 여왕인 자신에게 너무나도 딱 맞는 왕좌를 향해 아주 자랑스럽고 위풍당당하게 걸어가서 앉았다.

투명 사슬에 묶인 헤라

아! 그러나 헤라가 황금 왕좌에 채 앉기도 전에 투명 사슬이 그녀를 휘감고 꽁꽁 묶어 버렸다. 헤라가 비명을 질렀다.

그런 비명 소리가 올림포스에 울린 적은 단 한 번도 없었다. 모든 신들이 재빨리 달려왔지만 그들은 무슨 일이 일어난 것인지 알지 못했다.

"이 왕좌를 저주해 주세요!"

헤라가 소리쳤다.

"마음에 안 들면 그냥 일어나 버리면 되잖소."

제우스가 대답했다.

"사슬을 끊어 줘요!"

헤라가 소리를 꽥 질렀다.

"무슨 사슬 말인가요?"

신들이 물었다.

"날 왕좌에 묶어 두고 있는 이 사슬들 말이에요!"

"정신이 어떻게 된 것 같군."

제우스가 말했다.

"내가 묶여 있는 게 안 보여요?"

헤라가 다급하게 물었다.

그러나 "아무것도 없는데요."라는 대답만 들려올 뿐이었다.

헤라가 통곡을 했다.

"내가 낳은 이 아들놈 좀 봐요! 다리도 절고 못생겼을 뿐만 아니라 자기 엄마한테 무례하고 잔인하게 구는 것 좀 보라고요!"

제우스가 대답했다.

"이봐, 당신도 별로 잘해 준 게 없잖아. 자, 손을 이리 줘 봐요. 당신이 일어나야 조용해지겠어."

"손을 움직일 수가 없어요. 그 악당이 지금 나한테 무슨 짓을 했는지 안 보이세요?"

제우스는 헤라의 손을 잡으려고 했지만 뭔가 딱딱한 것이 막고 있는 것을 느꼈다. 그것을 손가락으로 더듬어 보고서야 제우스는 헤라가 진짜로 보이지 않는 사슬로 왕좌에 묶여 있다는 사실을 알게 되었다.

제우스가 말했다.

"내가 생각했던 것보다 훨씬 어렵겠는걸. 그냥 거기 그러고 서 있지만 말고 이리들 와 봐요! 와서 어떻게 하면 헤라를 풀어 줄 수 있을지 연구해 보자고요!"

처음에는 모든 신들이 한꺼번에 덤볐다. 그러다가 그 다음에는 각각 한 명씩 해 보았다. 마지막으로 아레스가 무시무시한 무기들을 가지고 사슬을 끊으려고 했다.

하지만 헤라를 공포에 떨게 하는 것 외에는 성과가 없었고 다른 신들이 아레스를 왕좌에서 끌어내야만 했다.

신들의 여왕은 보이지도 않고 부러지지도 않는 사슬로 왕좌에 꽁꽁 묶여 있었고, 아무도 그녀를 풀어 줄 수 없었다.

그때 제우스가 말했다.

"헤파이스토스가 그녀를 묶었으니 아마도 그는 풀 수

있을 것이오. 불의 신인 그가 올림포스로 와야 할 것 같소. 그리고 그를 데려오는 일을 헤르메스에게 맡겨야 할 것 같소."

헤르메스가 실패하고 아레스가 이어받은 임무

머리가 빨리 돌아가는 헤르메스는 제우스가 자신의 능력을 믿고 있다는 사실이 너무 자랑스러웠다.

그는 재빨리 자신의 날개 달린 샌들을 신고 렘노스로 번개같이 날아갔다.

하지만 헤르메스의 노력은 물거품으로 돌아갔다.

헤파이스토스에게 어머니를 풀어 주라고, 그게 싫으면 올림포스산으로 같이 가자고 온갖 말로 구슬려 보았지만 쇠귀에 경 읽기였다. 헤파이스토스는 전혀 관심을 보이지 않고 열심히 망치로 모루만 치고 있을 뿐이었다.

그래서 제우스의 심부름꾼인 헤르메스는 혼자 돌아와야 했다. 그가 혼자 오는 것을 본 신들은 모두 절망에 빠졌다.

"헤파이스토스를 좋은 말로 달래 보기도 하고 여러 가지 약속도 했지만 데려올 수 없었어요!"

헤르메스가 말하자 전쟁의 신 아레스가 자리에서 벌떡 일어나며 소리쳤다.

"그에겐 다른 약이 필요해요. 거친 힘과 폭력이죠. 기다리고들 계세요. 제가 가서 손발을 꽁꽁 묶어서 데려올 테니까!"

아레스는 재빨리 무거운 갑옷을 입고 투구를 쓰고 무기를 들고는 헤파이스토스의 대장간으로 쏜살같이 달려갔나. 그가 대장간에 처들어갔을 때, 헤파이스토스는 땀에 젖은 채 모루 앞에서 열심히 일하고 있었다.

아레스가 사나운 목소리로 그를 위협했다.

"네 어머니를 풀어 드리러 지금 당장 가자! 만약 네가 스스로 안 가겠다면 사슬로 묶어서 데려가겠어!"

아레스의 입에서 이 말이 나오기가 무섭게, 헤파이스토스는 불타는 통나무를 하나 꺼내 그의 머리통을 세게 내리쳤다.

불꽃이 사방으로 튀었고 아레스는 어찌나 무서웠던지 창피를 무릅쓰고 발길을 돌려 올림포스로 도망쳐 버렸다.

디오니소스가 성공하다

그때 포도주의 신 디오니소스가 차분하게 말했다.

"제가 아기 양처럼 얌전해진 헤파이스토스를 데려오겠습니다. 자, 포도주를 준비해서 길을 떠납시다."

그는 부하들에게 이렇게 지시했다.

그러자 사티로스와 마이나스들이 자리에서 벌떡 일어났다. 디오니소스의 선생인 배불뚝이 노인 실레노스는 포도주 자루를 자신의 당나귀에 실었다.

그들은 구름에서 구름으로 이동하여 곧 헤파이스토스가 일하고 있는 대장간에 도착했다. 그들은 대장간 문 앞에 도착하자마자 춤과 노래를 하기 시작했다. 그때도 헤파이스토스는 언제나처럼 땀에 젖은 채 열심히 망치질을 하고 있었다.

그런데 밖에서 신나는 목소리와 노랫소리가 들리기 시작했다. 그는 망치를 내려놓고 눈썹에 맺힌 땀을 닦으며 무슨 일이 벌어지고 있는지 보기 위해 밖으로 나갔다.

너무나 기분이 좋아 보이는 디오니소스와 그 일행을 본 헤파이스토스는 웃음을 터뜨리지 않을 수가 없었다.

포도주의 신 디오니소스는 환영의 뜻으로 헤파이스토스의 등을 가볍게 툭 치고는 바로 시원하고 달콤한 포도주 한잔을 권했다.

헤파이스토스는 포도주를 한번에 다 들이키고는 절름거리며 함께 노래하고 춤을 추었다.

"우리 친구 헤파이스토스에게 달콤한 포도주를 좀 더

나눠 주시게나!"

디오니소스가 소리치자 일행들이 모두 자신들의 잔을 채워서 들고 달려왔다.

"이건 제가 드리는 거예요, 어서 드세요!"

모두들 외쳤다.

헤파이스토스는 좋은 분위기를 깨고 싶지 않은 데다 무척 목이 말랐기 때문에 주는 대로 한입에 꿀꺽꿀꺽 받아 마셨다.

포도주는 마시면 죽지 않는 신들의 술 넥타르보다 더

맛있었다!

어디든 날 데려가시오!

당나귀는 포도주 자루가 다 비워지자 한결 등이 가벼워졌지만 이내 술이 거하게 취한 헤파이스토스를 다시 실어야 했다.

헤파이스토스는 어찌나 취했던지 혼자 힘으로 서 있을 수도 없을 지경이었다.

"어디든 날 데려가시오. 오늘은 일 안 하겠소!"

헤파이스토스와 디오니소스 일행은 노래하고 춤추며 올림포스로 향했다.

얼마 안 있어 그들은 올림포스에 도착했고 헤파이스토스는 모든 신들과 함께 술을 마시며 춤을 추며 대강당으로 들어갔다.

그러다가 그는 어머니인 헤라가 황금 왕좌에 묶여 있는 것을 보았다.

헤파이스토스는 헤라가 자신에게 한 행동도 잊은 채, 또 누가 그녀를 묶었는지도 잊은 채 그녀를 즉시 풀어 주었다. 그들은 서로 끌어안았다.

그때부터 다리가 불편한 이 신은 올림포스에서 살게 되었다.

헤파이스토스는 어머니를 사랑했고 어머니의 사랑을 한껏 받을 수 있었다. 이제 황금 왕좌는 헤라를 위한 진정한 선물이 되었으며 헤파이스토스의 작업실에서는 다른 보석들이 폭포처럼 흘러나왔다.

헤라와 아들이 사이가 좋아지자 제우스는 너무나 기뻤다. 그래서 헤파이스토스에게 세상에서 가장 아름다운 사랑의 여신 아프로디테를 아내로 맞이할 수 있게 해 주었다.

아프로디테와 신들의 대장장이

아, 그러나 슬프게도 아프로디테는 헤파이스토스에게, 헤파이스토스는 아프로디테에게 서로 어울리는 짝이 아니었다.

사랑의 여신 아프로디테가 하루 종일 땀과 먼지에 휩싸인 채 불길 속에서 망치실만 하는, 못생기고 다리를 저는

남편을 사랑할 리 없었다.

그래서 세상 모든 이에게 사랑을 전하는 여신이었지만 열심히 일하는 남편에게만은 사랑을 선물할 수가 없었다. 그녀는 그의 곁에 있지 않았다.

아프로디테에게 행복이란 자신의 아름다운 모습을 보

이고 사람들을 감탄케 하는 것이었다. 헤파이스토스에게 행복이란 힘든 일을 하면서 느끼는 뿌듯함과 아름다운 결실에 있었다.

진정 멋진 신이지 않은가! 그가 일하는 모습을 보라!

그의 손이 만들어 내는 창조물들을 보라!

헤파이스토스는 전혀 다른 종류의 신이었다. 그는 힘들게 일을 해서 몸이 피곤할 때에야 비로소 행복을 느꼈다.

헤파이스토스는 올림포스에 대장간을 만들고 거의 모든 시간을 그곳에서 보냈다. 대장간 한가운데에는 거대한 모루가 서 있었고 구석에는 넓은 화덕이 놓여 있었다.

헤파이스토스가 직접 만든 20여 개의 훌륭한 풀무가 그가 원할 때면 스스로 공기를 집어넣어서 불길에 바람을 불어넣었다.

불의 신 헤파이스토스는 자신의 작업실을 사랑했다. 그는 불길이 오르는 것을 보며, 금속이 빨갛게 달궈지는 것을 보며 행복감을 느꼈다. 그는 작업실에서 일하는 것이 결코 지겹지 않았다.

망치로 빨갛게 달궈진 금속을 두드리는 지루하고 규칙

적인 소리가 그에게는 신들의 음악처럼 들렸다.

눈을 멀게 할 갑옷

그 대장간에서 헤파이스토스의 튼튼한 손으로 만들어 내지 못하는 것은 아무것도 없는 것 같았다.

섬세한 보석에서부터 올림포스 신들을 위한 장엄한 궁전까지, 헤파이스토스의 대장간에서는 신들, 반신들 그리고 사람에게까지 귀중한 선물들이 쏟아져 내렸다.

헤파이스토스의 솜씨는 어디에도 견줄 수 없을 만큼 뛰어났다. 그의 실력이 어느 정도인지는 테티스가 자신의 아들인 반신 아킬레우스를 위해 새 갑옷을 만들어 달라고 부탁했을 때 그가 발휘한 솜씨를 보면 알 수 있다.

대장장이의 신 헤파이스토스는 아킬레우스의 어머니인 테티스가 자신을 얼마나 큰 사랑으로 돌봐 주었는지를 단 한 번도 잊은 적이 없었다.

그는 곧바로 불을 피우고 작업에 들어가면서 말했다.

"이 무기를 바라보기만 해도 눈이 멀게 될 그런 무기들을 만들게요."

헤파이스토스는 강력한 방패를 만든 다음, 거기에 우리가 상상할 수 있는 모든 장면들을 새겨 넣었다.

호메로스에 따르면 헤파이스토스는 한쪽에는 하늘, 바다, 지치지 않는 태양, 보름달을 그렸다고 한다. 그리고 하늘에는 별을 새겨 넣었다.

그는 오리온 별자리, 묘성들, 그리고 마지막으로 북두칠성을 장식했다. 별 중에서 유일하게 항상 같은 자리를 도는 북두칠성은 절대로 지평선이나 수평선 아래로 떨어지는 일이 없었다.

아킬레우스의 방패

또 다른 쪽에는 부유한 두 도시를 새겨 넣었다.

그 가운데 한 도시에서는 성대한 결혼식이 벌어지고 있었다. 소녀들은 횃불을 들고 노래하고 있었고 소년들은 우아하게 춤을 추고 있었다.

그들 가운데에는 음악가들이 연주를 하고 있었으며 여자들은 현관문 앞에서 부러운 듯 바라보고 있었다.

이렇듯 도시 한쪽에 기쁨과 사랑의 장면을 묘사한 헤파이스토스는 다른 쪽 구석에 재판관들 앞에서 두 남자가 빚 문제를 놓고 싸우는 장면을 새겨 넣었다.

한 사람은 모두 갚았다고 하고 다른 사람은 한 푼도 받지 못했다고 주장하는 것 같았다.

둘 다 자신의 주장이 옳다고 강하게 주장했기 때문에 판단을 빨리 내려야만 했다.

사람들은 그들 주위에 서서 이쪽 편을 들었다가 저쪽 편을 들었다 하면서 흥분했다.

전령관들은 조용히 하라고 나팔을 불었으며 성스러운 원 안에는 재판관들이 대리석을 깎아 만든 자리에 앉아 있었다.

전령관은 재판관들에게 지팡이를 차례대로 전해 주었고 그들은 한 사람씩 일어나서 자신의 판결을 이야기했다.

그들 앞에는 가장 공평한 결정을 내린 재판관에게 돌아

갈 금이 쌓여 있었다.

  이런 장면이 마을 한쪽에서 벌어지고 있는 가운데 또 다른 도시는 전쟁의 고통 속에서 괴로워하고 있었다. 그 성 밑에서는 두 군대가 전쟁에 휩싸여 있었다.

  그들 사이에서 피를 좋아하는 아레스와 방어자 아테나를 볼 수 있었다.

  에리스도 있었다. 그는 이 부대에서 저 부대로 옮겨 다니면서 싸움의 씨를 뿌리고 있었다.

  운명의 여신 모이라이도 자신의 임무를 하고 있었다. 시체를 치우고 저쪽의 부상자를 내버려 두고 가끔 장수들이 격전 속을 무사히 통과하게 해 주고 있었다.

  대장장이의 신 헤파이스토스는 전쟁과 파괴의 장면 바로 옆에 농촌의 평화로운 장면들을 새겼다.

  한쪽에서는 한 농부가 멍에를 멘 황소를 잘 이끌고 비옥한 들판의 고랑을 일직선으로 갈아엎고 있었다.

  그 들판의 끄트머리에는 늘씬한 소녀가 잔에 넘치도록 담긴 포도주를 농부에게 권하기 위해 기다리고 있었다.

  농부는 그 술을 받아 마시고 다시 힘을 내어 또 다른 밭

고랑에 날을 깊이 박아서 끝까지 갈아 나갔다.

그 너머에는 울타리가 쳐진 밀밭이 있었는데 이삭이 무겁게 늘어져 있었다.

추수하는 사람들은 규칙적인 리듬을 타며 날카로운 낫으로 밀을 쭉쭉 베어 나갔으며 아이들은 그것을 다발로 묶었다. 손에 지팡이를 든 농장 주인은 만족한 눈빛으로 이 모든 광경을 지켜보고 있었다.

거기에서 조금 떨어진 떡갈나무 그늘 아래에서는 아낙네들이 음식 준비에 한창이었다. 커다란 황소 한 마리를 잡아서 요리하기 위해 단지를 준비하고 있었고, 빵을 반죽하고 있었다.

헤파이스토스는 거기에서 좀 더 내려가 포도밭을 새겨 넣었다. 그곳에서는 알맹이가 굵은 포도들이 거두어지고 있었다. 아무 걱정 없는 소년 소녀들이 바구니 가득 잘 익은 포도들을 나르고 있었다.

그들 가운데 한 젊은이는 리라를 연주하며 노래를 했고, 주위의 모든 이들도 함께 노래를 따라 불렀다.

헤파이스토스는 또 어딘가에 두 마리의 성난 사자가 소 떼를 덮쳐 힘센 황소를 끌고 가는 그림을 그려 넣었다.

소는 사자들에게 잡혀 가면서 울부짖었다. 양치기들은 개들에게 쫓아가라고 재촉했지만 감히 그 사나운 짐승들에게 덤빌 엄두를 내지 못했다.

개들은 사자들에게 가까이 쫓아가서 사납게 짖고는 이내 다시 뒤로 물러서곤 했다.

또 한쪽에는 양 떼가 들판에서 평화롭게 풀을 뜯고 있

는 웃음 가득한 계곡을 그려 넣었다. 그들 가까이에는 양 우리와 양치기들의 오두막도 그려져 있었다.

 마지막으로 헤파이스토스는 청년과 처녀들이 손을 잡고 리듬에 맞춰 발을 구르며 춤추는 모습을 새겨 넣었다.

 처녀들은 고운 리넨으로 만들어진 긴 가운을 입고 머리에는 꽃 장식을 하고 있었다.

 청년들의 짧은 가운에는 고급 천에서 나는 광택이 흘렀

고 그들의 허리에는 황금색 칼이 꽂혀 있었다.

이제 이 무리 전체가 둥그렇게 원을 만들어 도자기를 만드는 물레처럼 빠르게 돌았다. 그러다가 청년과 처녀들이 쌍을 이루어 서로 마주 보고 즐겁게 춤을 추었다.

주위에 있던 모든 사람들은 감탄하는 눈빛으로 이들을 바라보았고, 신과 같이 빛나는 한 가수가 리라를 연주하며 노래하고 있었다.

또한 젊은 무희 두 명이 무대 한가운데에서 그의 노래에 맞춰 춤을 추고 있었다.

이것은 지칠 줄 모르는 대장장이 신 헤파이스토스가 아킬레우스의 방패에 새겨 준 훌륭한 장면들을 위대한 시인 호메로스가 묘사한 내용을 간단하게 옮긴 것이다.

하루의 일과를 마치고

헤파이스토스는 이렇게 일을 했던 것이다. 그는 자신에게 맡겨진 일은 무엇이든 간에 열심히 집중해서 해냈다.

하지만 일을 마치고 나면 그는 모루를 놓아두고, 풀무를 불에서 꺼내 놓고, 망치와 부젓가락은 상자에 넣는 등

대장간을 다 치워 놓고 목욕을 즐겼다.

커다란 스펀지로 자신의 목, 거대한 팔 그리고 털이 난 가슴을 닦아 내렸다. 그러고는 금색 망토를 어깨에 둘러

메고 지팡이를 짚고 자신의 집인 올림포스 신들의 대강당으로 향했다.

마음씨 좋은 헤파이스토스는 황금 술잔에 포도주를 가

득 채워서 먼저 다른 신들에게 한 잔씩 권했다.

헤파이스토스가 약한 다리로 간신히 거대한 상체를 지탱하면서 술을 권하는 모습을 보면서 신들은 조용히 웃었다.

하지만 헤파이스토스가 언제나 이 일을 했던 것은 아니었다. 그가 무척 피곤할 때면, 자신이 만든 마법 식탁이 이 일을 대신했다.

마법 식탁은 간단한 원리로 작동되었는데, 그 원리는 대강당을 혼자서 굴러다니다가 그들이 원하는 자리로 돌아가도록 하는 것이었다.

헤파이스토스는 고된 하루를 마치고 올림포스산에 와서 기분이 좋은 신들을 보면 항상 기뻤다.

하지만 종종 싸우고 있는 신들을 볼 때가 있었고, 그럴 때면 너무 속이 상했다.

헤파이스토스는 웃으며 이렇게 말하곤 했다.

"참, 다들 딱하시군요. 뭔가 할 일을 찾으신다면 이렇게 서로 싸울 시간은 없을 겁니다!"

헤파이스토스가 어머니 헤라에게 조언을 하다

한번은 어머니 헤라가 제우스 때문에 화가 난 것을 보고는 너무나 걱정이 되었다. 그래서 헤파이스토스는 어머니에게 어떤 조언이라도 해야겠다고 생각했다.

그는 헤라에게 진지하게 말을 걸었다.

"어머니, 만약 어머니와 제우스님이 서로 싸워서 신들이 두 편으로 갈라진다면 얼마나 지독한 결과를 낳을지 모르시겠어요? 우리의 소중한 음식들은 그 맛을 잃을 것

이고, 우리의 달콤한 포도주도 그 달콤함을 잃게 될 것입니다.

그러니 사랑하는 어머니, 당신이 더 지혜롭다 하더라도 제우스님의 의지에 복종하시기를 간청합니다. 제우스님이 화가 나서 신들의 식탁을 뒤엎기라도 하면 어쩌시려구요. 그는 우리의 가장 강력한 왕이며 마음만 먹으면 우리 모두를 나락으로 떨어뜨릴 수 있는 힘을 가지고 있습니다.

사랑하는 어머니, 어서 가셔서 아버지를 부드러운 말로 진정시키시고 올림포스에 다시 평화를 가져다주세요."

헤파이스토스는 황금 잔에 달콤한 포도주를 따라 헤라에게 권했고 그녀는 미소를 지으며 그 잔을 받았다.

그러고 나서 그는 오른쪽에 있는 신부터 시작해서 모든 신들에게 넥타르를 권했다.

다툼 때문에 마음이 무거워져 있던 신들은, 지혜롭고 마음씨 착한 헤파이스토스가 절룩거리며 궁전의 대강당을 도는 모습을 보고서는 마음을 풀기 시작했다.

곧 아폴론은 자신의 리라를 꺼내 신나는 음악을 연주했

으며 뮤즈들도 자리에서 일어나 즐겁게 춤을 추기 시작했다.

이렇게 해서 신들의 다툼은 끝이 났고 올림포스의 강당은 다시 즐거움으로 가득 찼다.

물과 불의 전투

헤파이스토스는 착한 반면에 무시무시한 벌을 내릴 줄도 알았다. 강의 신 크산토스가 트로이에서 아킬레우스와 그의 용감한 동료들을 물에 빠뜨리겠다고 위협했을 때, 헤파이스토스말고 그 누가 그에게 대항해서 싸워 이길 수 있었겠는가?

헤파이스토스에게 아킬레우스가 위험하다는 것을 알린 것은 헤라였다.

그녀는 헤파이스토스가 자기만큼이나 아킬레우스를 아끼고 있다는 것을 알고 있었다.

헤파이스토스는 모든 작업을 멈추고 트로이로 서둘러 떠났다. 트로이에 도착한 그는 마법의 불로 무장한 채, 크산토스강을 공격하기 시작했다.

물과 불의 끔찍한 전투였다.

거대한 크산토스강이 아킬레우스와 그의 군대를 통째로 물에 빠뜨리기 위해 덤벼들고 있었고, 헤파이스토스는 그 물길을 향해 불화살을 쏘고 있었다.

그가 화살을 쏘자마자 크산토스의 강가 양옆에서 거대한 불길이 솟아올랐다.

갈대, 관목 숲 그리고 서양협죽도들은 불타는 횃불로 바뀌었다.

강둑에 세워져 있는 은 매화, 플라타너스, 버드나무에서 불덩어리들이 뚝뚝 떨어졌다.

물고기와 장어들은 헤파이스토스의 불타는 숨결에 숨이 막혀서 몸부림쳤으며 소용돌이치는 물결이 만들어 낸 가장 깊은 웅덩이로 몸을 피했다.

크산토스강도 더 이상 불길의 고문을 참을 수 없어서 헤파이스토스에게 공격을 멈출 것을 간청했다.

"더 이상 아킬레우스와 그리스 사람들을 괴롭히지 않겠소. 그냥 내 강의 물들이 평화롭게 흘러가는 것만 허락해 주시오!"

크산토스가 빌었다.

하지만 헤파이스토스는 그의 간청을 들어 주지 않고 계속 강에 불길을 일으켰다.

김이 나는 소리가 커다랗게 들렸고, 활활 타는 장작불에 올라간 가마솥 안의 물처럼 강물이 끓기 시작했다.

드디어 끝이 보였다. 강물은 지글지글 타는 소리를 내며 빠르게 말랐다.

곧 모든 것이 끝났다. 헤파이스토스의 불타는 숨결에

패배한 크산토스강에는 더 이상 물이 흐르지 않았다.

헤파이스토스는 이런 신이었다. 불처럼 강하면서도 불에 녹은 철처럼 부드러웠으며 따뜻한 마음을 지녔다. 그는 자신의 일을 열심히 하고 사랑하는 신과 인간을 좋아했다.

헤파이스토스, 만세!

사람들은 신들 가운데 가장 사람에 가까운 헤파이스토스를 사랑했다.

다리를 저는 데다 못생긴 얼굴 때문에 태어나자마자 버림받았지만 그는 아름답고 힘든 일들을 사랑했다.

또한 위대한 신이면서도 사람처럼 자신의 목표를 이루기 위해 열심히 일했다.

헤파이스토스는 생각이 바르고 열심히 일하는 사람들의 본보기였다. 대장간이 많은 아테네에서 헤파이스토스는 특히 더 존경과 숭배를 받았다.

이 도시의 여러 축제들 가운데에는 5년마다 열리는 '헤파이스티아'라는 축제가 있었다. 이 축제의 행사 중에는 도제(스승에게서 직업에 필요한 기술을 배우는 사람)들이 횃불을 들고 달리는 경주가 있었다.

아테네 사람들은 불의 신 헤파이스토스가 이 도제들이 훌륭한 기술자가 되도록 도와준다고 믿었다. 아테네 시민들은 헤파이스토스를 기리는 훌륭한 신전도 세웠다.

오늘날 테시온으로 알려진 이 신전은 오랜 세월이 흐른 지금 그리스 전체에서 유일하게 남아 있는 신전이다.

최고 기술자인 헤파이스토스에게 바쳐진 이 신전이야말로 가장 튼튼하게 지어진 신전이라는 것을 뜻하는 것 같다.

이 위대한 대장장이 신이 자신의 첫 대장간을 만들었던 렘노스섬에서는 헤파이스토스가 더욱더 불의 신으로 숭배되어졌다.

이 섬의 주민들은 불의 신을 숭배하는 것과 관련된 아주 재미있는 풍습을 이어 오고 있다. 해마다 이들은 9일 동안 모든 화덕의 불을 끈다.

그리고 9일째가 되면 배 한 척을 이끌고 키클라데스의 성스러운 델로스섬에서 새로운 불을 가져온다.

그리고 이 불을 횃불로 만들어 들고 다니면서 섬의 모든 집과 대장간으로 옮겼다.

이 풍습이 생기게 된 기원은 다음과 같다.

섬 주민들은 불을 모두 끄면서 동시에 마음속의 나쁜 감정도 지우고 서로 어색했던 감정들도 다 털어 버린다고 믿었다.

이는 헤파이스토스 삶의 발자취를 따른 것이었다.

그리고 불이 다시 켜질 때에는 렘노스섬의 모든 사람들이 다시 사이좋게 지내게 되어 새롭게 출발할 수 있었던 것이다.

비록 아무리 흉하게 생겼어도 헤파이스토스는 정말 훌륭한 신임에 틀림없었다!

아레스

잘생긴 악당

아레스는 잘생긴 근육질의 신이었고 빛나는 갑옷은 그의 멋진 외모를 더욱 돋보이게 했다.

하지만 그에 대해 할 수 있는 좋은 말이란 이것 말고는 아무것도 없다.

우리가 이 신에 대해서 존경할 만한 것들을 찾아보려고 애쓴다 하더라도, 전혀 존경할 수 없다는 것을 알게 된다. 아마도 그것은 아레스가 전쟁의 신이었기 때문일지도 모른다.

아레스는 전쟁을 사랑했고 전쟁을 위해 살았으며 사람들에게 죽음과 파멸을 가져오기 위해 열심히 싸우는 신이었다. 이 잔인한 신을 싫어하는 것은 과연 우리들뿐이었을까?

그렇지 않았다!

아무도 그를 사랑하지 않았다. 고대 신화를 만들어 낸 이들은 아레스의 성격을 이렇게 묘사하고 있다.

아레스는 악하고 동정심도 없고 야만적이면서 동시에 멍청하고 우스꽝스러워서 절대로 우러러볼 만한 영웅이 아니었다.

전투, 죽음, 피만이 그의 유일한 기쁨이었다.

누가 정당한 이유로 싸우고 있고 누가 부정한 이유로 싸우고 있는지는 그에게 중요하지 않았다.

젊고 귀한 청년들이 죽어 나가고 도시들이 잿더미가 되어 버리고 온 인구가 전멸하기만 한다면 그런 것들은 중요하지 않았다.

아레스의 상징은 창과 독수리였다. 사람을 죽이는 창과 죽은 자의 살을 먹는 독수리가 그의 상징이었던 것이다.

아레스는 사악한 일을 아들인 포보스와 데이모스로부터 도움을 받았다. 그들 이름의 뜻은 두려움과 공포였다. 그리고 증오와 갈등의 여신 에리스의 도움도 받았다.

셋 모두 아레스의 명령을 받들어 살인적인 파괴가 최고조에 이를 때까지 전투의 불길을 뿜어냈다.

전쟁이 일어나면 아레스는 이를 꽉 깨물고 전쟁터 한복판으로 달려가서 그의 길에 걸리는 모든 장수들을 쓰러뜨렸다.

피에 굶주린 전쟁의 신

전쟁이 났을 때 아레스는 행복하지만 평화로울 때에는 바로 괴로워한다. 오랫동안 모든 것이 조용하면 그는 에리스 여신을 급하게 찾았다.

아레스는 이렇게 소리치곤 했다.

"이 평화를 참을 수 없어! 여기 앉아서 나만 보고 있으면 뭐해? 네 임무가 뭔지 몰라? 어서 가서 사람들이 서로를 미워하게 만들란 말야. 그래야 전쟁이 일어나고 우리가 다시 죽음, 피 그리고 부상당한 사람들의 신음 소리에 기뻐할 수 있을 것 아니야!"

많은 희생자들이 발생한 전쟁이 끝나고 나면 아레스는 아주 만족해서 올림포스로 돌아왔다.

그는 거드름을 피우며 강당을 왔다 갔다 하면서 자신의 행동에 대해 자랑스럽게 떠벌리곤 했다.

아레스는 다른 신들이 그의 얘기를 듣고 싶어 하지 않는다는 것을 전혀 몰랐다.

하지만 그를 존경하는 신이 딱 하나 있었다. 바로 미와 사랑의 여신인 아프로디테였다. 왜냐하면 그때에도 지금처럼 웅장한 겉모습과 번쩍이는 갑옷에 눈이 머는 이들이 반드시 있기 때문이었다.

하지만 아레스가 항상 전쟁에서 기분 좋게 돌아온 것은 아니었다. 왜냐하면 그는 전쟁에서 지기도 했고 또 더 심하게는 완전히 바보 같은 기분으로 돌아오기도 했기 때문이다.

부모조차 그를 사랑하지 않았다

이럴 경우에 아레스는 아버지에게 도움을 요청했다. 그는 막강한 제우스와 헤라의 아들이었다.

하지만 아레스의 성격은 다른 신들을 짜증 나게 만들었고 심지어 그의 부모조차 그를 사랑하지 않았다.

그들은 자신들의 마음을 수천 가지 방법으로 아레스에게 보여 주었다.

하루는 헤라가 신과 인간의 왕인 제우스에게 물었다.

"위대한 제우스님이시여, 만약 내가 전쟁터에서 아레스

에게 상처를 입히고 심한 창피를 주어 끌려오도록 만든다면, 저한테 화를 내시겠어요?"

제우스가 대답했다.

"아니, 그와는 정반대로 아주 기뻐할 것이오. 아테나에게 그 일을 시키시오. 아테나는 어떻게 하면 아레스를 양철 지붕 위의 고양이처럼 춤을 추게 할지 잘 알 거요."

마침 트로이 전쟁이 한창이던 끔찍한 시절이었다.

헤라는 그 시기에 매우 어려운 처지에 놓여 있던 그리스 사람들을 도와주고 싶었다.

하지만 그 당시 반신인 아킬레우스는 그리스군의 총사령관인 아가멤논에게 화가 나서 싸우려고 하지 않았다.

그러자 피에 굶주려 있던 아레스는 이 기회를 놓치지 않고 그리스 사람들을 모조리 죽이려 하고 있었다. 비록 그들을 돕겠다고 약속했는데도 말이다.

아레스는 수많은 용감한 장수를 죽이고 난 뒤 그리스 군대의 위대한 영웅인 디오메데스를 보았다.

아레스는 미친 짐승처럼 으르렁대면서 동으로 만든 창을 그에게 던졌다. 창은 미사일처럼 하늘로 날아갔지만 갑자기 바람에 잡히기라도 한 것처럼 궤도를 빗겨 나가 바닥에 떨어졌다.

하지만 바람의 짓이 아니었다. 창을 잡아서 방향을 바꾼 것은 제우스가 사랑하는 딸, 아테나였다. 헤라한테서 소식을 듣고 전쟁터로 달려온 것이었다.

아테나가 그렇게 빨리 와서 디오메데스를 구한 것은 정 말 다행스러운 일이었다. 이데니는 곧바로 디오메데스 곁으로 달려가서 아레스에게 반격할 수 있는 힘과 용기를 주었다.

확실한 훈계

디오메데스는 긴 창을 쥐고서 대담하게 신을 향해 달려나갔다. 아테나가 창의 끝을 인도한 덕분에 디오메데스는 아레스의 갈비뼈를 정통으로 찌를 수 있었다.

전쟁의 신 아레스는 만여 명의 군사가 동시에 부상을 입고 내지르는 것 같은 큰 비명 소리를 남기고는 겁을 먹고 바로 도망쳐 버렸다.

그는 그길로 올림포스로 가서 아버지에게 커다란 소리로 불평을 하기 시작했다.

제우스가 말했다.

"그럴 만도 해! 올림포스의 모든 신들 중에서 너를 가장 증오한다. 너는 적의, 전쟁 그리고 피만을 사랑하지 않느냐? 만약 네놈이 내 아들이 아니었다면 오래전에 올림포스에서 내쫓아서 타르타로스의 낭떠러지로 던져 버렸을 것이다.

그랬다면 영원한 어둠 속에서 빛을 그리워하며 살았을 텐데! 자, 어서 가서 상처를 치료하고 반성하는 기미라도 보였으면 좋겠구나."

하지만 바보로 태어난 전쟁의 신이 어떻게 반성을 하고 올바른 삶을 살 수 있을 것인가?

아레스는 상처가 낫자마자 분노에 가득 차서 아테나를 찾아 다시 전쟁터로 달려 나갔다.

"내가 네 버릇을 고쳐 놓으마!"

아레스는 여신을 보자마자 소리쳤다. 그러고는 창을 들어 무지막지한 힘으로 그녀를 향해 던졌다.

하지만 아테나는 아주 민첩하게 옆으로 살짝 피했고 창은 멀리 날아갔다.

그녀는 재빨리 큰 돌을 하나 들어서 아레스에게 던졌다. 돌은 아레스의 목을 정확하게 맞혔다.

"악!"

아레스는 외마디 비명을 질렀다.

그는 비틀거리다가 그대로 뒤로 넘어졌고 그의 몸은 일곱 개의 들판을 모두 뒤덮을 정도였다.

아레스를 존경하는 아프로디테가 그를 돕기 위해 달려왔지만 아테나는 즉시 튼튼한 손으로 그녀의 가슴을 밀어 버렸다.

아테나가 얼마나 세게 밀었던지 아프로디테는 하늘이 뿌옇게 변하는 것을 보고는 아레스 옆에 정신을 잃고 쓰러져 버렸다.

이렇게 아프로디테와 아레스는 상처 입고 모욕 당한 모

습으로 먼지 속에 초라하게 누워 있었다.

"만약 트로이 사람들을 도와주는 모든 이들이 너희 같다면 이 전쟁은 아마도 오래전에 끝났을 것이다."

아테나는 조롱하듯 이렇게 말하고는 대지 위에 누워 있는 그들을 남겨 두고 떠났다.

또 한 번의 패배

그 뒤로 아레스는 아테나를 보기만 하면 반대 방향으로 멀리 도망쳤다. 하지만 항상 운이 좋았던 것은 아니었다.

하루는 농업의 여신인 데메테르와 말다툼을 하고 있었는데 그가 도망칠 시간도 없이 갑자기 아테나가 나타났다. 아테나는 아레스에게 다시 한번 뼈아픈 교훈을 남겼다.

아레스는 데메테르를 싫어했다. 그는 데메테르가 자신의 전쟁과 관련된 계략들에 반대하는 것을 참을 수가 없었다.

그래서 하루는 데메테르가 올림포스의 문 앞에 혼자 서 있는 것을 보고는 그녀에게 마구 달려가서 소리쳤다.

"네가 또 나한테 계략을 꾸미고 있지? 나는 다 알고 있다고! 너하고 이레네라는 평화의 여신 말야, 너희는 절대로 서로에게서 떠나지 않지.

항상 사람들에게 땅을 어떻게 일구는지 가르쳐 주고 일을 사랑하게 만들고 전쟁을 증오하고 또 나를 증오하게 만들지. 그리고 이제 그 결과를 보라고! 이 그리스 전체에

나를 위한 신전은 단 한 개도 없잖아. 아니, 그뿐만이 아니야. 전쟁터에서 남자답게 싸우다 죽기를 원하기보다는 늙고 병들고 지쳐서 죽기를 더 원하고 있잖아. 이 역겨운 것 같으니라구, 앞으로 조심해. 안 그러면, 안 그러면……."

무장해제와 치욕

그런데 아레스가 고개를 돌리자 옆에 아테나 여신이 서 있는 게 아닌가!

아레스는 말하다 말고 그나마 남아 있는 위엄을 추스르고 걸어가려고 했지만 지혜의 여신 아테나는 그의 팔을 꽉 잡고 놓지 않았다.

"내 귀여운 영웅 아저씨, 어디를 가시나."

아테나는 이렇게 말하면서 그의 투구를 머리에서 벗겨 멀리 던져 버렸다. 그리고 떨어진 투구의 굴러가는 소리가 채 가시기도 전에 아레스의 무거운 방패도 빼앗아서 같은 방향으로 힘껏 던져 버렸다.

아테나는 그의 손에서 무시무시한 창을 빼앗아서 성난 모습으로 멀리 던져 버리고는 외쳤다.

"이 뻔뻔스러운 싸움꾼아, 썩 꺼져 버려! 그리고 다시는 내가 사랑하고 신과 사람들에게 친절을 베푸는 이들 곁에 얼씬도 하지 마!"

너무나 심한 모욕을 당해 머리카락 뿌리까지 빨갛게 된 아레스는 내동댕이쳐진 자신의 무기를 주섬주섬 주웠다.

그러고는 두 여신의 얼굴을 똑바로 쳐다보지도 못하고 재빨리 떠나 버렸다.

"가는 길에도 조심해!"

전쟁의 신이 시야에서 사라지는 것을 보면서 아테나가 조롱하듯 소리쳤다.

헤라클레스와 킥노스와 아레스

만약 아레스를 이렇게 바보같이 만드는 사람이 아테나뿐이었다면 그나마 좀 덜 괴로웠을지도 모른다.

하지만 그는 유명한 영웅 헤라클레스에게서도 쓰디쓴 패배를 맛보아야만 했다.

헤라클레스는 아레스에게 부상을 입혔으며 그의 아들 가운데 한 명을 죽이기까지 했다.

아레스가 무척 자랑스러워하는 아들이 하나 있었다. 그의 이름은 킥노스였으며 너무나 힘이 세서 어느 누구도 그에게 대들지 못했다.

그런데 킥노스는 아버지보다도 머리가 나빴으며 마음은 돌처럼 낙딱했디.

킥노스는 아버지만 신전이 없는 것을 매우 안타깝게 생각하고는 자신이 직접 지어 주기로 마음먹었다.

그는 신전이 사람의 뼈와 해골로 만들어지면 더 아름다울 거라고 생각했다.

그 생각이 너무나 마음에 들었던 킥노스는 당장 신전을 짓기 위한 재료들을 구하기 시작했다. 사람의 뼈와 해골을 구하는 킥노스 때문에 템페에서 데르모필레까지 전 지역 주민들은 그의 이름만 들어도 벌벌 떨게 되었다.

살인 행진이 계속되던 어느 날, 헤라클레스가 그 길을 지나가게 되었다.

킥노스도 이 영웅의 어마어마한 명성을 알고 있었고 만약 영웅의 멋진 뼈가 신전에 쓰인다면 정말 좋을 것 같아서 그를 죽이기 위해 달려들었다.

하지만 킥노스는 헤라클레스가 제우스의 아들로서 절대 싸움에 지지 않는 존재라는 것을 잊고 있었다.

헤라클레스는 단숨에 킥노스를 죽였다. 그는 짓고 있던 신전을 그대로 남겨 둔 채 죽음의 왕국으로 실려가 버렸다.

 화가 머리끝까지 난 아레스가 아들을 죽인 헤라클레스에게 복수하기 위해 천둥과 같이 나타났다.
 하지만 아레스는 곧 고통을 호소하며 다시 올림포스로 돌아와야만 했다. 헤라클레스가 창으로 아레스를 찔러서 큰 부상을 입혔기 때문이다.
 이제 전쟁의 신 아레스는 아무에게도 자신의 모습을 보이고 싶지 않았다.

그는 혼자 외롭게 지내며 세 번이나 치명타를 입은 자신의 운명을 괴로워하고 있었다.

아들을 잃어버린 아픔, 부상 그리고 상처 입은 자존심이 세 가지 치명타였다.

세월이 흐르자 아레스는 자신의 부상에 대해서도 상처 입은 자존심에 대해서도 잊었다.

오로지 아들의 죽음에 대한 슬픔만이 남아서, 그를 위한 기념관을 짓기로 마음먹었다.

아레스는 킥노스의 장인이기도 한 케익스 왕을 불러서 지역 주민들을 시켜 위풍당당한 기념관을 지으라고 명령했다.

거기에다가 킥노스가 모아 놓은 사람의 뼈와 해골을 가져다가 장식할 것까지 명령했다.

아레스는 생각했다.

'그런 힘든 노동의 결과가 물거품이 되어서는 안 되지. 이렇게 증거가 있어야만 내 아들의 위대한 업적이 길이길이 남아서 사람들의 마음속에 새겨질 거야.'

분노하는 아나우루스강

기념관을 보러 온 아레스는 자신이 상상했던 대로 완성된 것에 만족했다.

그는 스스로에게 말했다.

'자, 이제 모든 사람들이 확실하게 알 수 있을 거야. 헤라클레스보다 내 아들 킥노스가 얼마나 더 위대한 인물인지를 말이야. 헤라클레스가 내 아들을 죽일 수 있었던 것은 아테나의 도움이 있었기 때문일 거라고 확신해.'

이런 생각이 그의 머리를 스치고 있는 동안, 나지막이 울리는 소리가 귀에 거슬리기 시작했다.

그 소리는 점점 크게 그리고 점점 더 위협적으로 들려왔다. 뭔가 무시무시한 것이 다가오고 있었다.

아레스는 그에 맞설 정도로 용기가 없었다.

그는 큰 소리로 아버지인 제우스를 불렀다.

"아버지, 도와주세요!"

아레스가 비명을 질렀지만 물소리가 너무나 컸기 때문에 겁에 질린 신의 목소리는 묻혀 버렸다.

이 소리의 주인은 성스러운 강, 아나우루스였다

그 강은 지금 저 산 위에서부터 거대하고 무시무시한 물살을 모아 내려오고 있었다.

세상에 있는 어떤 힘도 그것을 막을 수는 없었다.

금발의 아폴론이 강의 신에게 킥노스의 기념관을 거품이 일 정도의 강한 물살로 삼킬 것을 명령했던 것이다.

곧 그렇게 될 것 같았다.
겁에 질려 굳어 버린 아레스는 어느 쪽으로 몸을 돌려야 할

지 몰랐다.

  마지막 순간에 그는 겨우 언덕으로 몸을 피할 수 있었다.

  그곳에서 아레스는 재난이 들이닥치는 것을 볼 수 있었다.

  눈 깜짝할 사이에 거대한 물살이 덮쳐서 모든 것을 바다로 가져가 버렸다.

  땅은 텅 비어 있었다. 그곳에는 기념관도 뼈도 해골도 없었다. 킥노스와 그의 끔찍한 행동을 알릴 만한 것은 주변에 아무것도 남지 않았다.

  오로지 실패에 절망하는 아레스만이 그 자리에 남아 있을 뿐이었다.

  하지만 세상은 항상 실망거리만 있는 것은 아니었다.

  아레스는 고민을 잊기 위해 아름다운 아프로디테를 찾아갔다. 사랑의 여신 아프로디테만이 전쟁의 신 아레스를 전혀 다른 눈으로 바라보았다.

  아프로디테의 눈에는 아레스가 전차를 탄 위대한 신이며, 용맹스러운 장군이고, 빛나는 갑옷과 황금 투구를 쓴 도시의 방어자처럼 보였다.

또한 두려움을 모르는 창잡이이자 왕들의 보호자, 법을 지키고 반란을 일으키는 사람들에게 벌을 주는 자였으며, 올림포스의 불패의 요새였다.

함정에 빠지다

물론 다른 누구도 아프로디테처럼 생각하지 않았다. 아마 아레스 자신도 그렇게 생각하지 않았을지도 모른다.

하지만 아레스는 아프로디테가 자신을 그렇게 생각한다는 것이 너무 자랑스러워서 가슴이 터질 지경이었다.

아레스는 그녀와 즐거운 시간을 보내는 동안, 자신이 느꼈던 수치심을 까맣게 잊고 용감무쌍한 행동들에 대해서 꿈꿨다. 그들이 그냥 서로 보는 것에만 만족했다면 얼마나 좋았을까!

하지만 그들은 순수한 우정만으로는 만족하지 않았고 그 결과는 여태껏 그들이 겪었던 그 어떤 수치심보다도 컸다.

왜냐하면 아레스는 아프로디테가 헤파이스토스와 결

혼했다는 사실을 무시하려고 했기 때문이었다.

아레스는 아프로디테가 못생기고 장애가 있는 자신의 남편을 좋아하지 않는다는 것을 알았기 때문에 그녀에게 하룻밤을 같이 보내자고 유혹했다.

그것도 헤파이스토스의 침대에서 말이다!

아레스는 아프로디테의 남편인 대장장이의 신 헤파이스토스가 렘노스로 떠날 것을 알고서는 너무나 좋은 기회라고 생각했다.

너무나 좋은 기회! 그것이 문제였다.

태양신 헬리오스가 그들이 함께 있는 것을 보고 서로 속삭이는 소리를 다 들은 것이었다.

헬리오스는 절대로 이런 부정을 용서할 수가 없었다. 특히 헤파이스토스처럼 사랑받고 인간성이 좋은 신이 나쁜 일을 당하도록 내버려 둘 수는 없었다.

그는 헤파이스토스에게 이 사실을 알려 주기 위해 떠났다.

이 소식을 전해 들은 헤파이스토스는 불같이 화를 냈다. 그리고 그의 머릿속에는 아주 교묘한 계략이 떠올랐다.

헤파이스토스는 자신의 작업실로 가서 보이지 않는 그물을 만들어 침실 천장에 걸어 놓았다. 그는 모든 이에게 작별 인사를 하면서 진짜로 렘노스로 떠나는 것처럼 보이게 했다.

하지만 그는 근처에 숨어 있었다.

얼마 되지 않아서 아레스와 아프로디테는 영리한 헤파이스토스의 함정에 빠졌다.

그들이 침대에 앉자마자 천장에서 투명 그물이 내려와 그들을 덮쳤다. 투명 그물은 그들을 겹겹이 싸서 도저히 옴짝달싹할 수 없게 만들었다.

몇 분 뒤 침실 문이 열리며 헤파이스토스가 다른 신들과 함께 들어왔다. 죄지은 한 쌍이 그물에 걸려 있는 것을 보자 신들은 조롱하듯 크게 웃었다.

창피해서 얼굴이 빨개진 아레스와 아프로디테는 신들의 눈을 똑바로 쳐다보지 못했다.

얼마나 멍청해 보였을까! 올림포스의 위대한 두 신은 쥐덫에 걸린 쥐들처럼 모든 신들이 웃는 가운데 도망가지도 못하는 신세가 되고 말았다.

 이제 그들은 헤파이스토스가 용서해 주기만을 기다려야 했다. 그가 풀어 줄 때까지 계속 모욕을 당하며 처분만 기다려야 했던 것이다.

 하지만 불의 신은 그들을 풀어 줄 마음이 전혀 없었다.

 오히려 헤파이스토스는 모든 신들이 보는 가운데 경멸

적인 말로 그들을 괴롭혔다. 아레스는 너무나 괴로운 나머지 스스로 그물을 풀어 보려고 안간힘을 썼다.

하지만 그물이 풀리기는커녕 아레스의 얼굴이 더 새빨갛게 변할 뿐이었다.

신들은 이 모습에 다시 한번 웃음을 터뜨렸고 그 가운데 한 명은 이렇게 말했다.

"저렇게 혼나도 싸! 잘못을 했으면 당연히 벌을 받아야지! 토끼가 아무리 빨라도 남의 정원을 기웃거리고 다니면 결국엔 거북이한테 당하고 말지, 흥!"

 마침내 다른 신들이 헤파이스토스에게 그들을 풀어 주라고 설득했다. 그들은 풀려났지만 창피함에 고개를 숙이고 신들의 비난하는 눈초리를 피해서 살금살금 올림포스를 떠났다.

 아프로디테는 머나먼 키프로스로 가서 수치스러운 마음을 달랬고, 아레스는 사나운 장수들로 가득 찬 외딴 트라키아로 떠났다.

 아레스는 헤파이스토스 때문에 겪어야 했던 모멸감을, 그리고 언젠가 불타는 통나무로 자신의 머리를 내리쳤던 그 일을 잊지 못할 것이다. 헤파이스토스는 허풍쟁이 아레스가 조심해야 할 또 하나의 신이었다.

자, 이제 진짜 내가 어떤 녀석인지 보여 주겠어!

전쟁의 신 아레스는 자신의 모든 불운들에 대한 생각으로 괴로웠다.

피가 흥건한 전쟁터를 지배하는 자신이 어찌 올림포스의 웃음거리가 될 수 있단 말인가? 있을 수 없는 일이었다.

아레스는 이런 수치스러운 사건들을 더 이상 참을 수

없었고 자신이 용감하고 이름만큼이나 대담하다는 것을 보여 줄 수 있는 기회만 찾고 있었다.

얼마 안 있어 드디어 그 기회가 찾아왔다. 아니, 아레스는 자신이 그 기회를 찾았다고 믿었다.

"이제 진짜 내가 어떤 녀석인지 보여 주겠어!"

어느 날 아레스는 올림포스 신들에게 이렇게 소리치고는 미친 짐승처럼 달려 나갔다.

그가 갑자기 용기를 보여 준 것은 알로에우스의 아들인 두 거인이 나타나 올림포스를 위협하며 신들과 힘겨루기를 하고 싶어 했기 때문이었다.

아레스가 사라지다

"어디 나랑 힘겨루기를 해 보자, 이 겁쟁이들아!"

아레스는 알로에우스의 아들들에게 달려 나가면서 이렇게 소리쳤다.

하지만 어떤 공격도 해 보기 전에 그중 한 명이 그의 팔을 뒤로 붙잡고 다른 한 명이 수건으로 입을 틀어막았다.

이제 아레스는 소리도 지르지 못하고 싸우지도 못하는

신세가 되어 버렸다.

두 거인은 아레스를 꽁꽁 묶어서 어디론가 데리고 갔다. 그렇게 일 년하고도 한 달이 흘렀다. 아레스가 올림포스로 돌아오기는커녕 그에 대한 소식은 그 어디에서도 들을 수가 없었다.

그동안 세상에서 모든 전쟁이 멈추었고 생활은 다시 즐겁고 평화로워졌다.

하지만 제우스는 오랫동안 아레스가 보이지 않자 걱정이 되었다. 그는 헤르메스를 불러 말했다.

"어쨌든 아레스는 내 아들이고 네 형제이다. 그리고 사람들이 고통을 잊게 되면 신들에게 복종하는 것도 잊게 된다는 것을 기억해야 한다. 어서 사방으로 찾아보아라. 그를 찾아야만 해!"

헤르메스는 제우스가 시키는 대로 했다. 그는 잃어버린 형제를 찾기 위해 끊임없이 돌아다녔다.

마침내 헤르메스는 거인들의 새어머니를 찾게 되었고, 그녀가 아레스가 있는 곳을 알려 주었다.

아레스는 낙수스섬에 있는 동으로 만들어진 감옥에 갇

혀 있었다. 새장보다 조금 큰 감옥이라 아레스는 몸을 반으로 구부리고 있어야 했다.

헤르메스가 아레스를 풀어 주었을 때, 그는 반쯤 죽어 있었고 혼자서는 똑바로 서지도 못했다.

그가 올림포스에 얼굴을 보일 정도로 회복하기까지는 아주 오랜 시간이 걸렸다.

그리고 아레스를 가둬 두었던 두 거인은 아르테미스 여신에 의해 죽임을 당했다.

이 또한 전쟁의 신을 다시 한번 모욕한 일이 되었다. 영웅처럼 행세하기는 쉬웠지만 실제로 영웅이 된다는 것은 무척 어려운 일이었다.

아레스는 흉측한 티폰이 무시무시한 고함을 지르며 올림포스를 강타했을 때, 영웅인 척할 겨를도 없었다.

무시무시한 괴물이 죽음과 파괴를 몰고 다가오자 그의 무릎은 덜덜 떨렸다.

아버지인 제우스가 번개를 던지며 공격하는 동안 '올림포스의 막강한 요새'라고 불리기를 좋아하던 아레스는 가장 먼 산으로 겁에 질린 멧돼지처럼 달아나 버렸다.

아레스는 죽을 힘을 다해 도망치다가 자기 다리에 걸려 넘어졌고 곧 자신이 들판에 와 있다는 사실을 알아차렸다. 그는 다시 북쪽의 트라키아로 도망쳤다.

그는 한 번도 쉬지 않고 뒤도 돌아보지 않고 헬레스폰포스를 지나 서남아시아를 지나 시리아로 들어갔다.

제우스가 계속 끔찍한 티폰과 전쟁을 하고 있는 동안, 두려움에 휩싸인 아레스는 이집트에 도착할 때까지 계속 도망쳤다.

이집트에 도착한 아레스는 두려움과 피곤함에 지쳐 도랑에 쓰러지고 말았다.

온몸이 전부 긁혀 피가 났고 그의 다리는 자신의 몸도 지탱하지 못할 만큼 힘이 빠져 있었다.

그는 정말 초라함 그 자체였다. 그의 산만한 덩치가 모두 쑤시고 결렸다.

한때 위풍당당했던 전쟁의 신이 또 한 번 나락으로 떨어진 것이었다.

가장 큰 수치심

아레스는 생각보다 쉽게 모멸감을 잊었다. 그리고 제우스가 아테나와 헤르메스의 도움으로 티폰을 막아 냈고 그 괴물이 거대한 에트나산 밑에 깔려 있다는 소식을 듣자마자, 그는 다시 한번 용기를 내어 예전의 모습을 찾았다.

아레스는 올림포스에 차마 얼굴을 내밀지는 못했다.

하지만 원래 좋아하는 일인 사람들 사이에 불화를 만들어 전쟁을 일으키는 일을 시작했다.

마치 그들이 전쟁에서 흘리는 피가 자신의 수치심을 씻

어 줄 것이라고 생각하는 듯했다.

여러분이 보았듯이 아레스는 전쟁이 이 세상에서 가장 수치스러운 일이라는 사실을 깨닫지 못했다.

그가 먼저 전쟁이라는 가장 큰 수치심을 깨끗하게 씻어내야 한다. 그러면 올림포스의 다른 모든 신들과 온 인류가 그렇게 될 것이다.

아테나

제우스의 위기

지혜의 여신 아테나는 제우스의 머리에서 태어났다. 그녀가 이렇게 기이한 방법으로 태어난 것은 뭔가 강하게 전하고 싶은 사실이 있었기 때문이다.

그것은 바로 지혜가 모든 신과 인간의 지배자 머리에서 솟아났다는 것이다.

어떻게 이런 일이 일어났을까?

자, 이제 아테나의 탄생에 대해 자세히 설명해 주는 신화를 알아보기로 하자.

　올림포스의 제우스가 하늘과 땅을 다스리던 아주 오래전 옛날, 엄청난 위험이 이 전능한 세계의 지배자 앞으로 서서히 다가오고 있었다.

　아무도 어렴풋이 드러난 그 위험을 눈치채지 못했고, 제우스 또한 마찬가지였다. 오직 모든 신들의 어머니이며, 신들의 운명을 미리 알아내는 대지의 여신 가이아만이 그 위험을 알아차렸던 것이다.

　어느 날 가이아는 제우스 앞에 나타나 말했다.

　"이렇게 끔찍한 소식을 전하게 되다니 정말 괴롭군요. 그렇지만 나는 말해야만 해요. 번갯불을 던져서 세상을 다스리는 제우스, 제 말을 한번 들어 보세요. 당신은 큰 실수를 저질렀답니다. 그때문에 나쁜 운명이 당신에게 닥쳐오고 있어요. 당신이 당신의 아버지 크로노스에게 그랬고, 또 그 전에 크로노스가 당신의 할아버지 우라노스에게 그랬던 것처럼, 당신의 아들이 당신을 왕좌에서 몰아낼 거예요. 당신은 거대한 바다의 신 오케아노스의 딸 메티스와 결혼하지 말았어야 했어요. 설령 그녀가 신들 중에서 가장 현명하고 사리 분별을 잘 한다고 해도 말이에요."

가이아는 계속해서 다음과 같이 말했다.

"지금부터 제 말을 잘 들으세요. 당신은 메티스에게서 두 아이를 얻을 거예요. 첫아이 아테나는 이미 메티스의 배 속에서 자라고 있어요. 이 새로운 여신은 당신만큼이나 영리하고 강하답니다. 그 아이는 착하고 사랑스러운 딸이 되어 다른 어떤 신보다 기꺼이 당신을 도울 거예요.

하지만 그 뒤, 당신과 메티스 사이에는 아들이 태어날 거예요. 그는 올림포스의 어떤 신보다 지혜롭고 힘세고 용감할 거예요. 그러나 이 아들은 아테나와는 달리 당신의 명령에 순순히 고개를 숙이진 않을 거예요. 잔인하고 야심이 많은 당신의 아들은 자신의 힘을 이용해 세력을 넓혀 갈 거예요.

그렇게 되면 크로노스의 아들인 당신도 가만두지 않겠죠. 당신은 올림포스의 높디높은 자리에서 저기 입을 쩍 벌리고 있는, 끝없이 깊은 지옥 타르타로스로 던져질 거예요. 하늘 높이 우뚝 선 당신의 궁궐 대신 칠흑같이 어두운 지하 감방으로 떨어지게 되는 거지요. 새로운 세계의 지배자가 당당히 왕좌에 앉아 있을 때, 당신은 언제 풀려날지도 모른 채 무거운 쇠사슬에 묶여 신음하게 되겠지요."

그러자 제우스가 입을 열었다.

"신들의 어머니시여, 당신의 예언은 정말 믿기 어렵군요. 사실 당신이 아닌 다른 이에게서 이런 말을 들었다면, 전 절대로 믿지 않았을 겁니다. 지금까지 당신이 한 말들이 모두 진실이라는 걸 잘 아니까요. 그러나 내가 하고 싶은 말은 절대로 운명 따위에 무릎을 꿇지 않겠다는 겁니다. 꼭 이겨 내 보이고야 말겠습니다."

"역시 그러리라고 생각했어요."

가이아가 대답했다.

"그게 바로 내가 당신에게 이 말을 해 주는 이유랍니다."

가이아는 이 말을 남기고 곧 사라졌다. 그러자 제우스는 서둘러 메티스를 찾았다.

제우스는 가이아에게서 들은 말은 한마디도 하지 않고, 달콤한 말들로 얼러서 그녀를 재워 버렸다.

그러고는 그의 운명에 정해져 있다는, 무시무시한 아들이 태어나지 않도록 두 팔로 현명한 바다의 여신 메티스를 감싸 안고 단번에 삼켜 버렸다.

제우스는 메티스와 한 몸이 됨으로써 비극적인 자신의 운명을 피하는 데 성공했다. 더욱이 현명한 여신이 몸속에 자리 잡게 되자, 그는 옳고 그름을 분별하는 힘까지 덤으로 얻을 수 있었다.

제우스의 머리에서 태어나다

그리하여 제우스를 위기로 몰아넣었던 위험은 지나갔다.

그런데 세우스의 몸속에서 이상한 일이 벌어지기 시작

했다. 그의 머릿속에 자리를 잡은 메티스가 아기를 낳으려고 했던 것이다. 곧 제우스는 머리가 깨질 듯 아파 오기 시작했다.

제우스는 격렬한 아픔을 이기지 못해 울부짖다가, 솜씨 좋은 아들 헤파이스토스를 불러 당장 머리를 쪼개 보라고 명령했다.

헤파이스토스는 머뭇거리다가 마지못해 거대한 망치를 들고 너무 세지 않게 아버지의 머리를 내리찍었다. 그러자 기적이 일어났다!

이 세상의 것이라고는 믿기지 않는 휘황찬란한 빛줄기가 제우스의 머리에서 새어 나오더니, 그 속에서 지혜의 여신 아테나가 튀어나오는 게 아닌가!

아테나는 갓난아기가 아닌, 지혜와 힘과 용기뿐 아니라 푸른 눈에 아름다움까지 갖춘 여인의 모습이었다.

그녀는 긴 웃옷을 입고 빛나는 투구를 쓰고 있었다.

왼쪽 어깨에는 무거운 방패가 걸려 있었고 오른손에는 긴 창이 들려 있었다.

아테나는 날카로운 창을 흔들고 크게 함성을 지르며 땅

위로 사뿐히 내려섰다.
 어느 누구도 상상하지 못했던 일이었기에, 이제 막 태어난 그녀의 위풍당당한 모습에 넋이 빠진 것은 신들뿐만이 아니었다.

올림포스산은 온몸을 떨어 기슭까지 흔들렸으며, 대지는 소름 끼치도록 진동했다.

푸른 바다는 화난 듯이 사납게 소용돌이쳤으며, 하늘을 지나던 태양조차 걸음을 멈추고 숨죽이며 그녀를 지켜보고 있었다.

"새로운 여신 만세! 제우스의 딸 만세!"

아테나의 놀라운 탄생에 매료된 신들의 입에서는 누가 먼저랄 것도 없이 환호성이 터져 나왔다.

이렇듯 열렬한 환영을 받자 만족한 듯, 지혜의 여신은 제우스를 비롯한 모든 신들에게 머리 숙여 인사를 했다.

아테나, 무기를 내놓다

그런 뒤 아테나는 자신이 무기를 지니고 있음을 깨닫고는 다소 못마땅한 듯, 투구를 벗고 신성한 어깨에서 무기들을 하나씩 풀어 내렸다.

"원하건대 제가 이 무기들을 사용하지 않게 해 주소서."

아테나는 큰 소리로 말하고 아버지의 발밑에 무기들을 내려놓았다.

 새로 생긴 딸이 이처럼 공손한데다 사려 깊게 말하자, 제우스의 얼굴은 기쁨으로 빛났다. 제우스는 감동한 나머지 딸을 부드럽게 끌어안았다. 바로 이 순간부터 아테나는 제우스가 가장 사랑하는 딸이 되었던 것이다.

 아테나는 진정으로 무기를 들고 싶어 하지 않았으며 전쟁을 싫어했다. 그러나 때로는 무기를 잡지 않으면 안 되있다.

아테나는 진보와 문명 그리고 평화로운 노동을 몹시 사랑했고, 이것들이 위협받을 때면 조금도 주저하지 않고 전쟁터로 뛰어들었다.

종종 아테나가 전쟁의 여신으로 불리는 건 바로 이 때문이다. 게다가 그녀는 전투에서 지는 법이 한 번도 없었으므로, 승리의 여신이란 뜻으로 '아테나 니케'라는 별명을 얻기도 했다.

그렇지만 아테나는 승리의 기쁨에 넘쳐 있는 바로 그 순간에도 전쟁을 싫어하는 마음을 잃지 않았다. 원래 평화를 사랑하는 사람일수록 전쟁이 터지면 누구보다 앞장서 전쟁터로 달려가곤 하는 법이다.

전쟁이 끝나면 아테나는 무기들을 다시 제우스에게 돌려주었다. 그녀는 무기를 들고 있는 모습을 남들에게 보이기를 꺼렸다. 그리고 자신이 이룬 영광스러운 승리들을 자랑삼아 이야기한 적도 없었다.

발명의 여신

아테나는 정말 보기 드문 성품을 가진 여신이었다. 신

보다 인간이 되는 편이 나았을 거라고 생각하는 사람이 있을 정도였다.

아테나는 올림포스에서 멀리 떨어진 그녀의 신전이나 작업장이 아니면 사람들의 세상에서 대부분의 시간을 보냈다.

바로 그곳에서 아테나는 사람들을 지켜봐 주고 영감을 불어넣어 주었다. 또 아름다운 작품을 만들려고 고민하는 이들에게 용기를 주었다.

사람들과 함께하면서 아테나는 힘든 노동에 시달리는 사람들의 짐을 덜어 줄 발명들을 해냈다.

인류에 대한 아테나의 헌신은 정말 놀라웠다. 민첩한 그녀의 머리는 잠시도 쉬지 않고, 온 힘을 다해 끊임없이 무언가를 생각해 냈던 것이다.

아테나는 물레와 베틀을 고안해 내어, 여자들에게 실을 뽑아 품위 있고 솜씨 있게 옷감을 짜고 수놓는 법을 가르쳤다. 그리고 남자들에게는 도자기를 굽고 그림을 그려 넣어 아름답게 장식하는 법을 가르쳤다.

이와 함께 둥근 모양의 도자기를 빚을 때, 빙빙 돌리면서 손쉽게 모양을 잡게 해 주는 나무로 된 회전 원반인 녹로도 만들었다.

집 짓는 사람에게는 수직으로 내려서 정확한 길이를 재는 추선을 만들어 주었으며, 나중에는 기와도 만들어 냈다. 플루트와 트럼펫은 아테나가 음악가들을 위해 마련한 선물이었다.

아테나는 주부들에게 요리도 가르쳤는데, 사람들은 이때 처음으로 조리 기구를 만져 볼 수 있었다.

이처럼 여신의 머리에선 지칠 줄 모르고 새로운 생각들이 샘솟듯 쏟아져 나왔다. 그러나 그녀가 사람에게 베풀어 준 가장 위대한 선물은 예술과 문학, 그리고 과학이었다.

이미 잘 알려진 대로 고대 그리스 사람들은 지혜의 여신에게서 받은 선물을 찬란하게 꽃피워 온 세상을 깜짝 놀라게 했던 것이다.

여기에 대해 설명할 것이 많지만, 그보다는 아테나 여신이 왜 사람들에게 예술과 과학을 가르치게 되었는지를 먼저 알아보는 것이 좋을 듯하다.

쟁기로 세상을 바꾸다

어느 날, 아테나는 언덕에 올라앉아 계곡 건너편 들판에서 일하고 있는 아낙네들을 바라보면서 무언가 골똘히 생각하고 있었다.

열 명 남짓한 이들은 나란히 줄지어 서서, 너무나 볼품없는 괭이로 땅을 파서 씨를 심고 있었다.

아낙네들은 모두 열심히 일했지만 좀처럼 앞으로 나아가지 못하고 있었다.

아주 오래전 사람들은 이런 방법으로 밭을 갈았던 것이다.

당시 사람들은 핏줄이나 서로를 도와 줄 수 있는 사람들이 모여 '클랜'이라는 공동체를 이루고 살았다.

남자들은 온종일 사냥하러 숲에 나가 있었기 때문에, 클랜의 우두머리는 마을의 여자들 가운데에서 뽑혔다.

이 우두머리를 여자 족장 또는 지배자 어머니라고 불렀고, 이 호칭에서 이 시기의 이름이 비롯되었다고 한다.

이들은 제대로 먹지도 못하면서 힘든 노동과 수많은 위험을 견뎌 내야 했고, 몹시 고달픈 삶을 살았다. 그러므로 모든 것을 아주 세심하게 신경 써서 공평하게 나누지 않으면 공동체를 유지하기 힘들었다.

여신 아테나는 이 모든 것을 알고 있었고, 힘든 일에 시달리는 여인들을 보면서 이들을 도와줄 방법이 없을까 궁리하고 있었던 것이다.

그때 갑자기 아테나의 눈길이 들판에서 신선한 풀을 뜯고 있는 두 마리 소에게 닿았다.

이윽고 그녀의 얼굴에선 기쁨이 넘쳐흘렀다. 그녀의 머릿속에 새로운 도구가 떠올랐던 것이다. 그것이 바로 쟁기였다.

"이제부터는 짐승들로 하여금 밭을 갈게 하리라. 남자 한 사람이 끌어 주기만 하면 여기 있는 모든 여자들이 하는 것보다 더 많은 일을 할 수 있을 것이다. 남자들이 숲에서 돌아와 농사를 짓고 가축을 기르게 되면 사람들의 생활도 훨씬 편해질 거야."

아테나는 기쁨에 들떠 중얼거렸다.

그러나 이 발명의 결과가 어떠할지 그 누가 알 수 있었겠는가.

처음에는 모든 것이 자신의 뜻대로 되는 듯했기에 아테나는 참으로 기뻤다.

이제 사람들이 충분히 먹고도 남을 만큼 식량이 엄청 늘어나게 되었다.

자연히 클랜의 권력도 남자들의 손으로 넘어갔다. 그러나 아테나가 걱정한 것은 이런 사실이 아니었다.

식량이 늘어난 것은 분명 좋은 일이었지만, 일도 하지 않으면서 다른 사람이 거둬들인 열매를 먹기만 하는 사람들도 생겨났던 것이다.

한층 더 나쁜 것은, 열심히 일하는 사람들은 여전히 먹고살기 힘든 데 비해, 일하지 않는 사람들이 점점 더 부자가 되는 상황이었다.

마침내 인간들의 세상은 주인과 노예로 갈라지고 말았다.

이를 지켜보고 있던 아테나는 소스라치게 놀랐다. 이 일로 아테나는 온몸이 오싹해졌다. 아무리 그녀가 지혜의 여신이라 해도 인간 세계가 이렇게 분열되리라곤 생각지도 못했던 것이다.

세상일이란 이렇듯 알 수가 없는 법이다. 새로운 뭔가가 나타났을 때 사람들의 삶이 어떻게 바뀔지는 신들조차 알 수 없었던 것이다.

짐승을 부리는 아주 단순한 도구인 쟁기가 어떤 이에게는 편안한 삶을, 또 다른 이에게는 비참함만을 안겨 준 것이다.

아름다움이 거둔 승리

일이 이렇게 되고 말았는데 아테나가 또다시 무슨 일을 할 수 있었겠는가? 더구나 그녀의 아버지 제우스는 오히려 이 새로운 질서를 환영했던 것이다.

그런데 그녀가 무엇을 할 수 있었겠는가?

"애야, 신들조차도 모두 자유로운 건 아니란다."

제우스가 아테나를 달랬다.

"타르타로스에는 티탄들이 갇혀 있고, 프로메테우스는 카프카스에 있는 산에 묶여 있지 않느냐? 너는 설마 사람들이 우리 신들보다 더 나은 삶을 살아야 한다고 믿는 건 아니겠지?"

제우스는 이렇게 덧붙였다.

하지만 이 말은 논리의 여신에게는 아무런 위안이 되지 못했다. 힘세고 능력 있는 자들이 게으름을 피우며 빈둥거리는 것을 보는 한, 그녀의 마음은 평온해지지 않았다.

아테나는 이 문제를 해결할 수 있는 방법을 찾아보려고 머리를 쥐어짜고 있었다. 순간, 눈부시게 빛나는 새로운 세계의 모습이 아테나의 눈앞을 스쳐 지나갔다.

바로 이때가 아테나의 마음속에서 인류에게 줄 위대한 선물이 태어나는 순간이었다. 그 선물이란 다름 아닌 예술, 문학, 과학이었다.

지혜의 여신 아테나는 마침내 자신에게 맡겨진 중대한 임무가 무엇인지 깨달았다. 이제 일하기만 하면 되는 것이다!

그 일은 춤추는 것처럼 흥겹고, 노래 부를 때처럼 활기가 넘치는, 매우 즐거운 일이었다.

아테나는 빈틈없는 머리로 앞에서 끌고 날렵한 손으로 그 뒤를 밀며, 지칠 줄 모르고 부지런히 일했다.

아테나는 인간에게 조각, 건축, 그림을 가르쳤는데, 뒷날 사람들은 이것들을 아테나의 예술이라고 불렀다.

또한 자매인 아홉 명의 뮤즈들과 함께 사람들이 시와 음악과 춤을 사랑하도록 이끌어 주었다.

그리고 아름다움과 참된 예술에 감동할 수 있도록 사람들의 영혼을 자극하기도 했다.

그리하여 마침내 기적이 일어났다.

사람들의 세상에도 우아하고 조화롭고 아름다운 것들을 사랑하는 마음이 싹트기 시작했던 것이다. 이것이 사람들의 삶에 미친 영향은 실로 엄청났다.

추악한 것들은 아름다움에 밀려 사라져 갔다. 도시들은

아름다운 신전과 기념비, 헤아릴 수 없이 많은 조각상들이 어우러져 아름답게 피어났다.

　이런 예술 작품들을 보면, 당시 그리스 사람들이 작품에 쏟아부은 아낌없는 정성을 짐작할 수 있다.

　그로부터 수천 년이나 흘렀지만 지금까지도 그들의 기술은 완벽한 아름다움으로 세상을 눈부시게 하는 예술 작품들 속에서 찬란하게 빛을 내고 있다.

이렇게 창조적인 작품들이 나타나자 사람들 마음속에 있던 야만적인 심성이 물러났다. 그 대신 인간을 귀하게 여기게 되었으며, 자신들의 삶 역시 의미 있고 우아하게 받아들였다.

사실 이런 태도가 없이는 위대한 예술은 결코 꽃필 수가 없었을 것이다.

과학의 탄생

아테나는 인간에게 과학의 모든 것을 가르쳤다. 그녀는 수학과 천문학을 가르쳤으며, 의학에도 큰 영향을 미쳐 건강의 여신 '아테나 히게이아'라고 불릴 정도였다.

이 제우스의 딸은 배를 만드는 법까지 인간에게 알려 주었다. 배가 만들어지자 아테나가 인간에게 가르친 문명은 세계 곳곳으로 퍼져 나갔다.

그리하여 아름다움을 사랑하는 것이 얼마나 인생을 향기롭고 풍요롭게 하는지를 세상 곳곳의 사람들에게 보여 주었다.

그렇다면 노예들은 어떻게 되었을까?

 불행하게도 그들은 여전히 노예로 남아 있었다. 바로 이 노예들 덕분에 일에서 해방된 사람들은 예술과 과학, 문학을 마음껏 누릴 수 있었던 것이다.

 반면 노예들은 세상의 아름다움 따위에는 눈 돌릴 여유가 전혀 없었다. 그런데도 그리스 사람들은 원래 예술을 즐기는 민족이었고 잔인하지 않았으므로, 노예들의 생활이 비참하기만 한 것은 아니었다.

쇠퇴의 나날들

수백 년이 흐른 뒤 상황은 바뀌었다. 로마가 그리스를 정복했고, 점점 더 세력을 키워 나가 마침내 막강한 제국을 이루었던 것이다.

이렇게 되자 예술 활동은 상업 활동에 밀려 그 빛을 점점 잃어 갔다.

로마 사람들은 예술을 사랑하고 과학을 발전시키는 것보다 돈을 많이 버는 것이 훨씬 가치 있다고 생각했기 때문이다.

이제 아름다운 것을 창조해 내려고 애쓰는 사람도 찾아보기 어려워졌다.

사람을 평가할 때도 그 사람이 무엇을 하는 사람인가보다는 얼마나 부자인가를 먼저 보게 될 정도였다.

자유로운 인간의 가슴속에 숨 쉬던 고상한 생각들은 사라지고, 사람들은 점점 탐욕스럽게 변했으며 타락해 갔다.

이렇게 되자 노예들은 말할 수 없이 혹사당했고 더 이상 사람으로 대접받지도 못했다.

로마 시민들은 너무나 타락해서 급기야는 노예들을 가둬 놓고, 죽을 때까지 서로 싸우게 하고 이들이 피를 흘릴 때마다 환호성을 질러 댔다.

이처럼 잔인한 경기를 즐기기 위해 로마 사람들은 거대한 원형 경기장을 세웠다. 수천 명의 구경꾼들이 이곳으로 몰려들어 아무 죄도 없는 노예들이 서로 죽고 죽이는 처참한 광경을 보며 즐거워했던 것이다.

하지만 모든 노예들이 묵묵히 자신의 운명을 따른 것만은 아니었다.

스파르타쿠스라는 검투사가 반란을 일으켜 잔혹한 로

마를 송두리째 흔들어 놓았던 것이다.

이 검투사는 노예들의 해방을 위해 온 힘을 바쳐 싸우다 예수가 태어나기 71년 전에 죽고 말았다. 한마디로 말해 이것이 불행한 노예의 운명이었던 것이다.

챔피언 아테나

자, 이쯤에서 우리는 신들이 모두 죽어 조각상으로만 남았던 시대를 떠나, 다시 신화의 시대로 돌아가 보자. 신들이 여전히 강력하고 활기찼으며, 사람들과 함께 기쁨과 슬픔을 나누기도 했던 그 시대로 말이다.

그리고 언제나 산더미 같은 돈보다 상냥함이나 아름다움을 더 좋아하는 사람들 편에 서서 싸웠던 우리의 여신 아테나를 찾아가 보자.

그 당시도 힘든 시기였을 것이다. 야만스러운 적들은 땅 위에서 아름다움을 깨끗이 쓸어 버리겠다고 벼르고 있었던 것이다.

하지만 지혜의 여신 아테나는 언제나 자신이 무엇을 해야 하는지 잘 알고 있었다.

때가 되면 그녀는 평화로운 작업들을 밀쳐 두고 무기를 가지러 달려갔다. 무장만 하면 강철 같은 의지를 불태우는 그녀는 보기만 해도 무서운, 전혀 다른 여신이 되었다.

아테나는 적들을 모조리 돌로 만들어 버린다는 고르곤의 머리를 뱀들이 서로 얽혀 둘러싸고 있는 모양의 무시무시한 가슴받이를 죄어 입었다. 그리고 재빨리 투구를 쓰고선 무거운 방패와 긴 창을 들고 싸움터로 내달리곤 했다.

그녀는 힘없는 아내와 자식들, 그리고 참된 세계의 미래를 위해 싸우는 병사들의 대열 속으로 뛰어들어 무한한 용기를 주었으며, 영웅들을 보호했다.

아테나의 가장 큰 적은 피에 굶주린 전쟁의 신 아레스였다. 그러나 더 위험한 적은 온 세상에 미움을 뿌리고 다니는 싸움의 여신 에리스였다.

아테나는 아레스를 두려워하지 않았다.

아테나는 이미 여러 차례의 전투에서, 승리하는 것은 폭력이 아니라 자유를 원하는 간절한 마음이라는 것을 전쟁의 신에게 호되게 가르쳐 주었다.

 그때문에 아레스는 전쟁터에서 그녀 앞을 가로막고 나서기를 두려워했던 것이다. 그가 아테나에게 얼마나 수치스런 패배를 당했는지는 앞 권에서 이미 설명한 적이 있다.
 그러면 남몰래 일을 꾸미고 요리조리 빠져나가 버리는 에리스와 싸울 때 우리의 여신은 어떻게 했을까?
 에리스는 눈 깜짝할 사이에 방어막을 뚫고 살며시 들어와서는, 교묘한 무기를 써서 공격하고 또 병사들끼리 서로 미워하게 만들었다.

이렇게 되면 모든 것이 끝장나고 만다. 아테나가 아무리 막으려고 애를 써도 남는 건 폐허뿐이기 때문이다.

병사들 또한 꼭 이기고야 말겠다는 의지가 있어야 여신이 자신들을 도울 수 있다는 것을 잘 알고 있었다. 그래서 '아테나의 노력에 우리의 힘을 보태자.'라는 말이 생겨나기도 했다.

병사들 사이에 분열이 생기려는 조짐이 보이면 아테나는 재빨리 원인을 찾아 내 이를 막았다. 또 많은 사람들이 목숨을 잃기 전에 평화를 되찾기 위해 온 힘을 다해 싸웠다.

공예의 여신 아테나

전쟁이 끝나고 나면 아테나는 수고의 여신 '아테나 에르가니'가 되었다. 그녀는 폐허가 된 도시들을 전보다 훨씬 아름답게 일으켜 세우기 위해 앞장 서곤 했다.

이따금씩 아테나는 혼자 있고 싶어 했다. 그 이유는 쉬기 위해서가 아니라, 베틀에 앉아 일을 하기 위해서였다.

아테나는 베를 짜고 수를 놓으면서 온갖 시름을 잊곤 했다. 그녀는 누구보다도 집에서 쓰는 물건을 만드는 공예의 여신이었기 때문이다.

 그녀가 비길 데 없이 훌륭한 솜씨로 만든 옷을 입은 신들은 훨씬 기품 있어 보였다. 그 옷들은 모두 이 부지런한 여신이 지칠 줄 모르고 만든 것이었다.

 그녀는 신들뿐 아니라 영웅을 비롯한 사람들에게도 자신이 짜서 만든 옷을 선물로 주었다.

아테나의 작품을 본 여인들은 그녀의 솜씨를 찬미했다. 그들 중에는 여신에게 옷감을 짜고 수놓는 법을 배우는 사람도 많았다.

하지만 그녀들 가운데 어느 누구도 자신의 기술이 아테나와 견줄 만큼 뛰어나다고 여기는 사람은 없었다.

여신을 모욕한 아라크네

그런데 멀리 리디아라는 왕국에는 옷감을 짜고 바느질하는 솜씨가 아테나 여신만큼 빼어난 공주가 있었다. 그 공주의 이름은 아라크네였다.

아라크네는 거미줄만큼 가늘게 실을 뽑아 옷감을 짤 수 있었다. 이 천이 얼마나 아름다운지 세계 곳곳의 왕족이며 귀족들이 이것을 갖고 싶어 야단이었다.

불행히도 아라크네는 남들보다 뛰어난 재주를 타고난 사람들이 흔히 그렇듯, 겸손의 미덕을 갖추지 못했다.

공주는 거들먹거리며 뽐내길 좋아하고 다른 사람을 경멸했다. 다른 베 짜는 사람이나 그들이 짠 천 따위는 제대로 보지도 않고 우습게 일있던 것이다.

공주의 거만함은 날이 갈수록 심해졌다. 마침내 그녀는 자신의 솜씨를 보러 와 칭찬하는 사람들 앞에서 이렇게 말했다.

 "내 솜씨는 아테나보다 낫지요. 암요, 여신과 겨루고도 남는답니다."

 이 구경꾼들 사이에는 한 늙은 여인이 있었다. 그 여인은 아라크네의 말을 듣고 앞으로 나와 말했다.

 "어린 소녀여, 이 늙은이가 충고 한마디 해 드리지요. 나이를 먹으면 허리는 구부정해질지 모르지만 아는 것이 많아진다오. 그러니 내 말을 명심하시구려. 당신은 매우 훌륭한 솜씨를 가졌으니 다른 사람과는 얼마든지 솜씨를 겨루세요. 하지만 여신님은 다르지요. 당신의 상대가 아니라오. 그러니 지금 당장, 조금 전 당신이 한 말에 대해 여신님께 용서를 구하구려."

 하지만 아라크네는 그 여인을 비웃으며 다음과 같이 대꾸했다.

 "늙은 여인이여, 나이를 먹더니 바보가 되셨나 보구려. 충고를 하려거든 제가 아니라 당신 딸에게나 하시지요.

아테나는 자기가 질 걸 알고 있기 때문에 감히 여기에 얼굴을 내밀지 못하는 거랍니다."

그때 어디선가 낯선 목소리가 울려 퍼졌다.

"아라크네야, 여기 내가 왔으니 어디 한번 실력을 겨뤄 보자꾸나!"

그러자 곧 눈부신 광채에 휩싸여 있던 늙은 여인이 본래 자신의 모습을 드러냈다. 그 여인은 바로 제우스의 딸 아테나였던 것이다!

그곳에 있던 사람들이 모두 여신 앞에 무릎을 꿇었지만 오직 아라크네만이 꼿꼿이 서 있었다. 공주는 이제 곧 자신에게 닥쳐올 비극적인 운명은 상상조차 못 하고, 기다렸다는 듯 여신의 도전을 받아들였다.

이윽고 시합이 시작되었다.

베틀에 앉은 아테나의 신성한 손은 흐르는 물처럼 재빠르게 북을 쳐올렸다. 아테나의 손가락은 마치 하늘나라의 음악에 맞춰 춤이라도 추듯이 한 올 한 올 실들을 뽑아 정확한 자리에 꽂아 넣으면서 여러 색깔의 실패들 사이에서 나부꼈다.

여신이 베틀에서 일어섰을 때, 그녀 앞에는 더할 나위 없는 솜씨로 짜인 아테네의 아크로폴리스가 모습을 드러냈다.

그림 속에는 올림포스 신들이 케크로프스 시의 보호권을 아테나와 포세이돈 중 누구에게 넘겨 줄 것인가를 결정하기 위해 모여 있었다. 그 한쪽에는 나쁜 짓을 한 사람을 벌주는 신들의 모습도 보였다. 또한 가장자리에는 올리브 잎이 둘러쳐져 있어 그림을 한층 돋보이게 했다.

반면 아라크네는 나약하고 저속한 신들이 무언가에 정신을 빼앗겨 넋을 잃고 있는 모습을 담았다. 그뿐만 아니라 그녀가 짠 천 구석구석에는 신들에 대한 조롱이 가득 담겨 있었다.

아라크네에게 내린 벌

이 그림을 본 순간, 아테나는 머리끝까지 화가 치밀어 올라 도저히 공주를 용서할 수가 없었다.

그러나 아라크네의 솜씨만은 흠잡을 데가 없었다. 그녀가 짠 천은 아테나의 것만큼이나 완벽했다.

여신이 말했다.

"참으로 가엾구나. 그러나 나는 너에게 벌을 주어 이 사건을 예술이란 오만함이 아니라 사랑하는 마음에서 나오는 것임을 모르는 자들에게 주는 교훈으로 삼겠노라."

이 말과 함께 아테나는 신들을 모욕하는 그림이 담긴 천을 낚아채 갈기갈기 찢어 버렸다.

천 조각들이 흩날리면서 바닥으로 떨어지자, 하늘 높은 줄 모르고 콧대를 높이던 아라크네는 깊고 깊은 치욕의

구렁텅이로 굴러떨어졌다.

이러한 수치심을 도저히 참아 낼 수 없었던 그녀는 줄을 집어 들더니 한쪽 끝을 묶어 자신의 목을 매려 했다.

그러나 아테나가 재빨리 손을 뻗어 올가미의 매듭을 풀어 버리면서 이렇게 말했다.

"이 우쭐대기 좋아하는 인간이여, 지금부터 너와 네 후손들은 영원히 줄에 매달려 평생 실을 뽑고, 그물이나 짜면서 살게 될 것이다."

이 말이 끝나자마자 아라크네는 거미로 변해 버렸다. 그리스 사람들은 지금도 거미를 이 건방진 공주의 이름 그대로 '아라크네'라고 부르고 있다.

아라크네는 거미가 된 뒤에도 가느다란 줄에 매달려 그물을 끝없이 짜고 있다. 하지만 이 일은 자신이 하고 싶어서 하는 것도 아니고, 또 예술이라고 생각해 주는 사람도 없다. 사람들은 거미줄이 눈에 띄면 아무 생각 없이 털어내 버리니 말이다.

위대한 예언자 테이레시아스

아테나는 다른 이들에게 냉정했을 뿐만 아니라 자기 자신도 가혹하게 다스렸다.

그녀는 정교한 기술과 성실한 기술자를 사랑하는 것을 빼면, 어떤 즐거움도 가까이하려 들지 않았다.

이 때문에 아테나는 사랑에 빠진 적이 단 한 번도 없었고, 결혼도 하지 않은 채 순결한 여신으로 남았다.

그래서 예전에 자신이 목욕하는 모습을 우연히 한 남자가 엿보게 되었을 때, 아데나는 남들보다도 더 큰 모욕감을 느꼈던 것이다. 너무나 부끄럽고 자존심이 상해 얼굴이 벌겋게 달아오른 아테나는 즉시 그 남자의 눈을 멀게 만들어 버렸다.

그 뒤 남자는 다시는 세상을 볼 수 없게 되고 말았다.

앞이 안 보여 길을 더듬고 있는 남자를 다시 본 여신은 그가 불쌍하게 여겨져 다시 볼 수 있게 해 주고 싶었다.

하지만 그러기엔 너무 늦었던 것이다.

아테나는 성급하게 벌을 내린 것을 무척 후회하면서, 대신 그에게 새들의 말을 알아들을 수 있는 예민한 귀와 미래를 볼 수 있는 힘을 주었다.

또 마법의 힘을 가진 지팡이를 주어 마치 앞이 보이는 것처럼 걸을 수 있게 해 주었다.

바로 이 시각 장애인의 이름이 테이레시아스였으며, 그리스 신화를 통틀어 가장 위대한 예언자로 손꼽히는 인물이 되었다.

이런 이야기들을 통해 보면 아테나 여신은 참으로 엄격하지만, 또 한편으로는 자비롭고 친절하다는 것을 알 수 있다.

사실 아테나의 자비로운 정신은 널리 알려져 있었다. 그렇기에 법정에서 재판관들의 의견이 엇갈려 피고인을 풀어 주어야 할지 어쩔지 결정을 내릴 수 없을 때 그 결정권은 늘 아테나의 몫이 되었다.

그녀는 언제나 재판을 받고 있는 사람의 편에 서서 마지막 표를 던졌다.

한편에서는 제우스의 딸이 이 권한을 얻은 것은 그녀가 아테네의 최고 재판소인 아레오스 파고스를 세웠던 주인공이기 때문이라고도 한다.

아테나의 도시

아테나는 많은 미덕을 갖춘 데다 사람들을 헌신적으로 도왔기 때문에 그리스 곳곳에서는 이 여신을 숭배했다. 온갖 도시들이 아테나를 수호신으로 받들고 있었고, '팔라듐'이라는 나무로 만든 작은 아테나 상을 소중하게 간직하고 있었다.

사람들은 이 조각상을 잃어버리거나 도둑이라도 맞으면 자신들의 도시 역시 망할 거라고 믿을 정도였다.

그러나 아테나가 가장 좋아한 도시는 그녀의 이름을 그대로 따서 붙인 아테네였다. 아테네 사람들은 아테나를 신들 가운데 으뜸으로 쳤으며, 아크로폴리스와 대부분의 신전을 그녀에게 바쳤기 때문이다.

아테나는 이 도시를 위해 쉬지 않고 노력했다. 그녀는 아테네를 세우고 최초의 왕이 되었던 케크로프스를 도와 아크로폴리스의 방비를 튼튼히 하고 그 꼭대기에 아름다운 건축물들을 세우기도 했다.

아테네의 에렉테우스 왕

케크로프스의 뒤를 이어 아테네의 왕이 된 에렉테우스를 키운 것도 바로 아테나 여신이었다.

에렉테우스가 아테나와 헤파이스토스의 아들이라는 이야기가 있지만, 자신들의 여신이 순결한 채 남아 있기를 바라는 아테네 사람들은 이것을 결코 받아들이지 않았다.

"그럴 리가 없어요. 아테나는 언제나 처녀였답니다. 에렉테우스는 헤파이스토스와 대지의 여신 가이아의 아들이지요."

아테네 사람들은 이렇게 말했다. 그리고 이를 확실히 해 두려고 에렉테우스를 '땅에서 온 사나이'라는 뜻의 '에리크토니우스'라고 불렀다.

아테네 사람들의 말에 따르면, 대지의 여신 가이아는 에렉테우스를 낳았지만 그를 키우고 싶어 하지 않았다. 그래서 아테나를 찾아가 그녀의 발밑에 아기를 내려놓고 이렇게 말했다고 한다.

"이 아이는 당신의 아이입니다. 헤파이스토스가 아내

로 삼고 싶어 하는 건 제가 아니라 바로 당신이기 때문이지요. 그러니 부디 당신이 이 아이를 키워 주세요. 제발 이 불쌍한 아이를 거두어 주세요."

아테나는 자신을 향해 팔을 뻗고 버둥거리는 갓난아기를 가여운 듯 내려다보았다.

"예, 그렇게 하지요."

아테나는 이렇게 대답하고는 아기를 안아 올려 바구니에 눕히고는 흔들어 재웠다. 그리고 바구니 한쪽에다 혹시 있을지도 모르는 위험으로부터 아기를 보호하기 위해 뱀을 넣어 두었다.

아테나는 바구니 속이 들여다보이지 않게 덮개를 씌웠다. 그러고는 케크로프스 왕의 세 딸 가운데 하나인 아글라우로스에게 들고 갔다.

"이것을 좀 맡아 다오. 내가 부탁했다는 말은 아무에게도 하지 말고. 그리고 무슨 일이 있어도 바구니를 열어 보면 안 되느니라. 만약 내 말을 어기면 큰 봉변을 당하게 될 것이다."

아테나는 자신이 다른 여신의 아이를 키운다는 사실을

누구에게도 알리고 싶지 않았다.

"밤이 되기 전에 바구니를 찾으러 오마."

이렇게 덧붙이고선 아테나는 아크로폴리스의 성벽 쌓는 일을 마무리하기 위해 서둘러 떠났다.

아테나가 떠나자마자 아글라우로스는 바구니를 요모조모 살펴보았다. 보면 볼수록 안에 무엇이 들었는지 궁금해서 도저히 견딜 수가 없었다.

마침내 아글라우로스가 여신의 경고를 무시하고 덮개를 살며시 벗겨 내리는 순간, 바구니에서 무시무시한 뱀이 튀어나왔다.

뱀은 고개를 빳빳하게 세우고선 쉭쉭 소리를 내며 샛노란 눈으로 그녀를 노려보았다. 순식간에 일어난 일이었지만, 무서운 뱀의 모습을 보자 아글라우로스는 그 자리에 얼어붙고 말았다.

겁에 질린 아글라우로스는 앞뒤 가리지 않고 달려 나가 아크로폴리스에서 곤두박질쳤다. 그리고 그 밑에 있던 바위에 부딪혀 죽고 말았다.

리카베투스 언덕

 마침 그곳을 지나던 까마귀 한 마리가 이 슬픈 소식을 여신에게 전하러 왔다. 그때 아테나는 아크로폴리스 성벽에 쌓을 거대한 바윗덩어리를 들고 있었다.

 너무도 끔찍한 소식을 듣자 여신은 기겁하여 손에 든 바위를 떨어뜨리고 곧장 아기를 찾으러 달려갔다. 아기를 되찾은 그녀는 자신의 신전으로 갔고, 그 뒤로는 직접 아기를 돌보았다.

　아테나가 나르던 거대한 돌은 그녀가 떨어뜨린 자리에 그대로 남아 오늘날 아테네 한복판에 솟아 있는 리카베투스 언덕이 되었다고 한다.

　자, 그렇다면 나쁜 소식을 전했던 까마귀는 어찌 되었을까?

　화가 난 여신은 까마귀 색깔을 바꾸어 버렸다. 그 일이 있기 전까지 까마귀는 눈부시도록 하얗고 아름다운 새로서 여신의 사랑을 듬뿍 받고 있었다.

하지만 그날 이후, 까마귀는 시커먼 몸에 으스스하고 불길한 울음소리를 내는 새로 변하고 말았다. 또 아테나가 그 새를 두 번 다시 보고 싶어 하지 않았기 때문에, 까마귀들은 아크로폴리스 근처에는 얼씬도 하지 못했다.

그때부터 까마귀를 대신해 올빼미가 아테나의 사랑을 차지했으며, 올빼미의 번쩍거리며 빛나는 눈은 지혜와 깊은 사색을 상징하게 되었던 것이다.

에렉테우스가 왕위에 오르자 아테네는 한층 더 아름다워졌으며 나날이 발전했다. 에렉테우스는 아테나의 도움을 받아 최초로 마차를 만들었다. 그리고 은을 가공하여 더 좋고 순도 높은 것으로 만드는 기술을 개발해 화폐를 처음 만들기도 했다.

그러던 중 이웃 나라 엘레우시스의 에우몰포스 왕이 쳐들어왔다. 에렉테우스는 이를 물리쳤고 에우몰포스 왕은 전투 중에 죽고 말았다.

그러나 불행히도 에우몰포스의 아버지는 저 무서운 바

다의 신 포세이돈이었다. 포세이돈은 아들의 죽음을 알고 크게 분노했다. 그리하여 아들의 원수인 에렉테우스를 자신의 손으로 쓰러뜨리고야 말았다.

아테나와 아테네 백성들은 왕의 죽음을 마음속 깊이 슬퍼하며 애도했다. 그들은 에렉테우스가 쓰러진 아크로폴리스 꼭대기에 그를 묻었다.

뒷날 아테네 사람들은 그곳에 웅장한 대리석 신전을 짓고 '에렉테이움'이라고 불렀다. 그리고 이 신전을 에렉테우스와 아테나, 포세이돈을 비롯한 모든 신들에게 바쳤다.

그때부터 아테네는 종종 에렉테우스의 이름으로 불리게 되었다. 왜냐하면 그로부터 위대한 영웅 페르세우스에 이르기까지 아테네의 모든 왕이 바로 에렉테우스의 후손들이었기 때문이다.

파나테이아 축제

에렉테우스가 아테네를 위해 한 일 가운데 가장 오래도록 기억되는 것은 아테나를 받드는 어마어마하게 큰 축제인 '파나테이아'였다.

축제 기간 중에는 아름다운 아가씨들이 베일을 높이 들고 아크로폴리스까지 행진하는 모습이 장관을 이루었다. 그 베일은 이 도시에서 덕망 높은 여인들이 짠 것으로, 아테나 여신의 모습이 새겨져 있었다.

이 행렬이야말로 아테네의 연중행사 가운데 가장 볼 만한 것이었다. 이는 아테네 사람들이 소중히 여기는 것과 가장 아름답다고 생각하는 것들을 한눈에 볼 수 있는 전시장이었기 때문이다.

훌륭한 병사와 기수들, 잘생긴 청년들, 사랑스러운 아가씨들, 그리고 용감하고 현명한 노인들을 비롯해 이름난 사람들이 모두 이 행렬을 뒤따랐다.

여기에 참가하도록 초대받는 것은 아테네 사람들에게는 최고로 영광스러운 일이었다.

축제는 여러 날 동안 계속되었다. 체육 대회와 경마 대회가 열렸으며 호메로스의 서사시들이 공연되기도 했다.

아테네뿐 아니라 그리스 전체에서 몰려든 가수와 무용수, 음악가들도 이 축제 기간 동안 자신의 기량을 마음껏

뽐낼 수 있었다. 또한 이 대회에서 우승한 사람에게는 올리브 관과 함께 상금이 주어졌다.

그러나 뭐니 뭐니해도 아테네 사람들이 여신에게 바친 최고의 선물은 아크로폴리스와 그곳에 자리 잡은 여러 건축물들이다. 그중에서도 특히 순결한 여신 아테나에게 바쳐진 웅장한 신전 파르테논을 빼놓을 수 없을 것이다.

파르테논 신전은 건축학적으로 보나 조각술로 보나, 하나의 기적이라는 찬사를 받으며 오늘날까지 인간이 만든 최고의 건축물로 손꼽히는 걸작 중의 걸작이다.

세상 사람들이 가장 아름답다고 찬미하는 신전이 인간에게 아름다움의 의미를 가르친 여신을 섬기게 된 것이나, 또 지혜의 의미를 가르쳐 준 여신을 수호신으로 삼은

도시가 세계에 지혜를 전해 주는 중심지가 된 것은 분명 미리부터 정해진 운명이었을 것이다.

이처럼 신화의 시대는 우연한 일로 보이는 일에조차 지혜를 숨기고 있었던 것이다.

아테나가 참으로 놀라운 신이었으며, 최고의 찬사를 받아 마땅하다고 해도 결코 잊지 말아야 할 사실이 하나 있다.

바로 이 여신을 태어나게 한 것은 다름 아닌 인간의 상상력이었다는 것이다. 신화에서 여신의 업적으로 돌리고 있는 많은 작업들이 실제로는 사람들이 땀 흘려 일군 것이었다. 그리고 아테네의 화려한 명성 역시 성실한 공예가와 위대한 철학자들이 끊임없이 노력한 끝에 얻은 결과였다.

아테네를 비롯한 그리스 후손들의 이름은 오늘날까지도 인간의 역사에 나타났던 수많은 위인들 가운데에서 유난히 빛을 내고 있다. 아테네 사람들은 선하고 아름답게 살기 위한 삶의 투쟁에서 승리를 거두었다. 그들은 어떻게 이처럼 대단한 성공을 거둘 수 있었을까?

대답은 그들이 지혜의 여신이 상징하는 것들, 다시 말해 인간다운 것, 아름다운 것, 그리고 자비로운 것을 가장 중요하게 생각했기 때문이다.

이제 여신의 쟁기로 아크로폴리스 기슭에 있는 신성한 안마당을 갈고 있는 아테나 신봉자들이 되뇌는 지혜와 인정 넘치는 몇 마디 말로, 이 놀라운 여신에 대한 이야기를 끝맺으려 한다.

"목을 축이거나 몸을 녹이기를 청하는 나그네를 내치지 말라."

"올바른 길이 아니면 가리키지도 말라."

"쟁기를 끌고 있는 소는 죽이지 말라."

"무덤을 거부할 수 있는 사람은 아무도 없다."

포세이돈

바다의 신

때때로 튼튼한 배를 집어삼키겠다고 사납게 날뛰다가, 어떤 때는 뱃전에 와서 부드럽게 찰랑이기도 하는 바다. 끝없이 펼쳐진 저 바다는 제우스의 형이자 무서운 크로노스의 아들인 포세이돈이 다스리는 곳이다.

이 신은 바다와 똑같이 준엄하고 잔인하기도 하고, 한편으로는 부드럽고 친절하기도 했다.

포세이돈은 분노에 사로잡히면 바다에 누가 있든 전혀 신경 쓰지 않았다.

그가 삼지창으로 세차게 물을 후려치면, 산더미 같은 파도가 사나운 기세로 모래사장이나 바위로 된 곳을 덮쳤다. 또한 물보라가 거세게 휘몰아칠 때 항구에서 멀리 나와 있는 배가 눈에 띄면 가만두지 않았다. 이 배에 탄 사람들은 십중팔구 다시는 집으로 돌아가지 못했다.

그러나 화가 가라앉으면 바다의 신은 삼지창을 물 위에 내려놓고 성난 파도를 달랬다.

그러면 다시 잘 손질된 배가 물살을 가르며 나아가고, 푸른 물결을 휘저으며 배가 지나간 자리를 따라 돌고래가 노닐곤 했다.

아티카에서 아테나와 싸우다

뱃사람이었던 그리스 사람들은 포세이돈을 떠받들었으며, 때때로 이 신에게 자신들을 보호해 달라고 기도하기도 했다.

포세이돈 역시 다른 신들처럼, 자신이 도와주고 보호해 주면 온갖 충성을 다 바치는 자신만의 도시를 갖고 싶었다.

이 바다의 황제는 새롭게 태어난 아티카의 도시 케크로피아가 마음에 들었다.

아티카의 첫 번째 왕이자 새 도시를 세운 케크로프스는 대지의 여신 가이아의 아들로, 허리 위는 사람이었지만 아래는 뱀의 모습을 하고 있었다.

포세이돈은 아티카로 가서 아크로폴리스에서 새로운 도시를 만드는 일을 지휘하고 있던 케크로프스를 만났다.

포세이돈은 케크로프스에게 이 새 도시를 자신에게 바치고 경의를 표하는 뜻에서 '포세이도니아'라고 부를 것을 요구했다.

"너희들이 내 뜻에 따르기만 한다면, 네 도시는 바다를 지배하게 될 것이다. 또 어떤 바다든지 네 배들을 위해 길을 내줄 것이다. 그리고 감히 어느 누구도 너희와 힘을 겨루려 하지 않을 것이다."

이렇게 말한 뒤 기운 센 포세이돈은 삼지창을 들어 바위 위에 내리꽂았다. 그러자 바로 그 자리에서 바닷물이 흘러넘치는 샘이 솟아났다.

"이것이 내가 주는 선물이다. 멀리 항해할 일이 있으면 무릎을 꿇고 이 샘에 귀를 대어 보아라. 만약 바다가 으르렁대는 소리가 들리면 절대로 항구를 떠나서는 안 되느니라. 그때에는 사나운 폭풍우가 몰아쳐서 파도가 배를 집어삼켜 버릴 것이다."

포세이돈은 이 말을 남기고 사라졌다.

놀란 케크로프스가 미처 정신을 차리기도 전에, 이번에는 아테나가 홀연히 그의 앞에 나타났다.

아테나 역시 그 도시를 그녀의 이름을 따서 아테네로 부를 것을 요구했다.

"내가 바라는 대로 해 준다면 네 도시는 아름다움과 지식의 발상지가 될 것이다. 예술, 문학, 과학이 융성할 것이며 바로 이곳에서 자유의 정신이 퍼져 나가 세상 가장 깊은 곳까지 빛을 밝히게 될 것이다."

아테나는 말을 마치며 기다란 창으로 바위를 쳤다. 그러자 그 자리에서 단번에 열매가 주렁주렁 달려 가지가 축축 늘어진 올리브 나무가 솟아 나왔다.

여신은 선언하듯 다음과 같이 말했다.

"이것이 나의 선물이다. 이 나무로부터 어린 나무들이

자라, 은청색 나뭇가지들이 온 아티카를 뒤덮을 것이다. 그 나무에서 나온 열매는 배고픔을 채워 줄 것이며, 기름은 어둠을 밝혀 줄 것이다. 또 나뭇가지는 평화의 상징으로 쓰일 것이니라."

케크로프스는 아테나의 선물이 무척이나 마음에 들었다. 자신이 세운 도시가 세계 문화의 중심지가 된다니, 생각만 해도 가슴 벅찬 일이었기 때문이다.

그러나 아테나보다 한발 앞서 도시를 요구한 것은 포세이돈이었으므로, 왕은 어찌해야 좋을지 알 수가 없었다.

그때 갑자기 포세이돈이 다시 나타났다. 이번에는 매우 화가 나서 험상궂기 이를 데 없는 모습이었다.

바다의 신은 아테나가 선물한 올리브 나무를 모조리 뽑아 버리겠다고 달려 나갔다.

그러나 그때 대담하게도 아테나가 포세이돈의 앞을 가로막고 나섰다.

이 때문에 포세이돈의 자존심은 뼛속 깊이 상처를 받았다.

포세이돈은 아테나에게 결투를 신청했고, 겁 없는 여신

은 이를 받아들였다.

"자, 덤벼 보시지요!"

아테나는 이렇게 외치면서 몇 발자국 뒤로 물러나 긴 창을 두 손으로 단단히 붙잡았다. 포세이돈 역시 무시무시한 삼지창을 휘두르며 싸울 준비를 했다.

두 신이 막 결투를 벌이려는 순간, 그들 앞에 제우스가 나타났다. 온 세계의 지배자 제우스의 말은 곧 법이었기 때문에 아테나도 포세이돈도 무기를 내려놓을 수밖에 없었다.

제우스는 평소 아테나를 대단히 사랑했으므로 그 도시를 그녀에게 주고 싶었다.

하지만 포세이돈의 성질이 만만치 않다는 것을 누구보다도 잘 알고 있었으므로 신들의 의견을 물어 이 도시의 수호신을 정하기로 했다.

곧 올림포스 신들이 아크로폴리스로 모여들었고, 케크로프스는 그동안 있었던 일을 정확히 말한 뒤 이렇게 덧붙였다.

"저와 아티카의 모든 백성들은 여러 신들의 뜻을 받들겠습니다. 저희들은 아크로폴리스에 신전과 조각상을 세우고 그것을 이 도시의 수호신께 바치겠습니다."

올림포스 신들은 차례차례 표를 던졌다. 여신들은 모두 아테나 편을 들었고 남신들은 하나같이 포세이돈을 지지했다.

그런데 제우스만은 어느 편도 들지 않아 마침내 한 표 차이로 아테나가 승리하게 되었다.

이렇게 해서 유명한 도시 아테네가 탄생한 것이다.

화가 난 포세이돈

신들이 이렇게 결정을 내리자 포세이돈은 화가 머리끝까지 치밀어 올랐다. 그는 도저히 분을 삭일 수가 없어서 거대한 파도를 마구 휘저어 댔다. 이 때문에 도시 주변 들판은 모조리 물에 잠겨 버렸다.

겁에 질린 아테네 사람들은 도망치듯 신탁소로 달려가 성난 신을 달랠 방법을 물었다.

아폴론 신탁이 말하기를, 포세이돈의 노여움은 아테네

의 모든 여인이 벌을 받아야 풀어질 거라고 했다.

그리하여 여자들은 시민권과 투표권을 포기하게 되었고, 아이들은 더 이상 어머니 성을 따를 수 없었다.

이때부터 아이들은 아버지 성을 따르게 되었다. 신탁의 결정에 따라 한때 여자들이 부족을 지배했었다는 것을 말해 주는 마지막 흔적까지 자취를 감추게 되었다.

포세이돈이 아테나에게 이 새로운 도시를 빼앗기긴 했지만, 아테네 사람들은 자신들의 수호 여신과 똑같이 그를 섬겼다.

그들은 수니온 곶에 포세이돈을 모시는 화려한 신전을 지었다.

포세이돈은 이에 대한 보답으로 인심 좋게 그들을 도왔다. 덕분에 아테네 사람들은 막강한 해군력을 가질 수 있게 되었다.

아테네 사람들은 포세이돈이 만들어 준 샘을 유용하게 사용했고 잘 간수했다.

오늘날 아크로폴리스에 있는 샘이 바로 포세이돈이 삼지창을 내리쳐 만든 샘이라고 한다.

지금도 세찬 남풍이 불어올 때면 이 샘의 밑바닥에서는 마치 바다를 요동치게 하는 천둥소리가 멀리서 울려 오는 듯 들려온다고 한다.

아티카에서 패배한 포세이돈은 다른 곳으로 눈을 돌렸다. 그가 가장 먼저 선택한 곳은 아르고스였다.

하지만 이번에는 이 도시를 자신의 보호 아래 두고 싶어하는 헤라와 정면 대결을 벌여야 했다.

올림포스 신들은 또다시 모여 회의를 열었다.

이번에는 신들이 포세이돈에게 어떤 결정이 나오더라도 아테네 사람들에게 한 것처럼 분풀이를 하지 않겠다는 약속을 할 것을 요구했다.

포세이돈은 마지못해 그러마 다짐했다.

또다시 신들은 포세이돈에 반대하는 결정을 내렸고, 포세이돈의 분노는 차마 말로 표현하기 힘들 정도였다.

그러나 그는 맹세를 한 마당에 아테네 사람들에게 한 것처럼 물로 재앙을 일으킬 수는 없었다. 그래서 그는 교묘한 방법을 쓰기로 했다.

이번에는 아테네와는 정반대로 아르고스의 샘을 모조리 말려 버린 것이다. 그리고 아르고스 사람들이 바다의 신을 섬기는 신전을 지어 바칠 때까지 그의 분노는 가라앉지 않았다.

마침내 이스트모스를 차지하다

아르고스의 일 이후로도 포세이돈은 다른 지역에서 확고한 자신의 터전을 잡고 싶어 안달이었다.

그러나 번번이 제우스에게 아이기나를, 아폴론에게 델

파이를, 디오니소스에게 낙소스를
차례차례 넘겨줄 수밖에 없었다.
 코린트를 놓고 태양의 신 헬리오스
에게 도전했을 때야 비로소 행운의
여신은 그에게 미소를 보내기
시작했다.
 이번에는 우라노스의 아들
브리아레오스가 재판관을
맡았다.

그는 슬기롭고 재치 있게 아크로코린트의 위쪽 요새는 헬리오스에게 주고, 코린트와 이스트모스는 포세이돈에게 나눠 줌으로써 마침내 그를 만족시킬 수 있었다.

코린트 사람들은 자신들이 보일 수 있는 최고의 존경을 바다의 신에게 쏟아부었다. 올림픽 경기를 빼고 그리스에서 가장 유명한 축제는 체육 대회와 예술 경연 대회로 잘 알려진 이스트미아 경기였다.

코린트 사람들은 이 경기가 열리는 신성한 자리에 포세이돈에게 바치는 화려한 신전을 지었던 것이다.

그리고 신전 안에는 무시무시한 삼지창을 들고 당당하게 서 있는 포세이돈 곁에 사랑스러운 그의 신부 암피트리테가 앉아 있는 웅장한 조각상도 세웠다.

포세이돈과 암피트리테

강력한 포세이돈은 예언자로 이름 높은 바다의 신 네레우스의 딸 암피트리테를 몰래 데려와 신부로 삼았다.

이 늙은 바다 신에게는 네레이스라고 불리는 50명의 딸들이 있었는데, 이들 중에는 영웅 아킬레우스를 낳은 테티스도 있었다. 암피트리테도 이들 가운데 하나였다.

　암피트리테는 이해심 많고 친절한 아버지를 너무나 사랑한 나머지, 평생 결혼도 하지 않고 영원히 아버지 곁에 머물러 있기로 마음먹었다.

　그러나 어느 날, 낙소스섬의 해변에서 네레이스들과 어울려 춤을 추고 있는 암피트리테를 본 포세이돈은 그만 첫눈에 반해 버렸다.

그러나 암피트리테는 겁에 질려 힘센 거인 아틀라스가 어깨로 하늘을 떠받치고 있는 땅끝까지 도망쳐 숨어 버렸다.

 포세이돈은 사랑스러운 암피트리테를 찾고 또 찾았으나 모두 헛수고일 뿐이었다.

 절망에 빠진 그는 삼지창으로 바다를 거세게 채찍질해 하얀 거품을 일으키며 바다에다 노여움을 토해 냈다.

한 달 두 달, 시간이 아무리 흘러도 바다에는 여전히 집채만한 파도에 사나운 물보라가 몰아쳤다. 바다를 예전 모습으로 되돌릴 방법을 찾지 못한 제우스는 돌고래를 보내 포세이돈에게 암피트리테가 숨어 있는 곳을 알려 주었다.

포세이돈은 당장 그곳으로 달려가 네레우스의 딸을 찾아내어 아내로 삼아 버렸던 것이다.

그러자 드디어 파도가 잦아들고 바다는 다시 고요해졌다.

이제 암피트리테는 파도 아래 깊고 깊은 곳, 사파이어로 지은 웅장한 궁궐에서 살게 되었다. 바다 위에 폭풍우가 거세게 몰아쳐도 바닷속은 언제나 조용하고 평화로웠다. 그리고 암피트리테가 부르기만 하면, 눈 깜짝할 사이에 바다 요정들이 달려와 원하는 것은 무엇이든 들어주었다.

이따금씩 그녀는 네 마리의 말이 끄는 전차를 타고 자신의 남편이자 대지를 뒤흔드는 포세이돈 신과 같이 파도 위를 달리며 환호성을 지르기도 했다.

이들이 지날 때면 파도는 두 쪽으로 갈라져 길을 내주었다. 바닷새들은 즐거운 듯 이들 주위를 빙빙 돌았고, 돌고래들은 푸른 바닷속에서 까불며 장난을 치곤 했다.

그 밖의 바다 신들

영원히 죽지 않는 이 한 쌍의 부부는 때때로 다른 바다 신들과 함께 나타나기도 했다. 그들 중에는 암피트리테의 자매인 네레이스들과 그들의 아버지 네레우스가 있었다.

네레우스는 거짓말을 모르며, 인간에게 진실만을 말해 주는 위대한 예언자였다.

또 포세이돈과 암피트리테의 아들로서, 위대한 바다 신의 운명을 타고난 트리톤도 있었다.

트리톤이 뿔고둥 나팔을 불어 신호를 보내면, 아무리 먼 곳에 있는 파도라도 순식간에 달려올 정도였다. 그 밖에도 늙은 프로테우스와 글라우코스도 이들과 종종 어울려 다니곤 했다.

프로테우스는 누구에게도 예언을 해 주지 않고 뱀이나 사자, 불, 물 또는 그가 원하는 무엇으로든 변신하여 대답을 듣고 싶어 하는 사람한테서 달아나 버리곤 했다.

글라우코스는 처음에는 보잘것없는 어부였지만, 뒷날 바다에서 사는 신이자 예언자가 되었다.

그는 원래 사람이었기 때문에 신이 되고 난 뒤에도 여전히 겸손하고 너그러웠다. 또 선원과 어부를 몹시 사랑해서 그들이 위험에 빠지면 언제든지 달려가 도와주었다.

포세이돈은 암피트리테뿐 아니라 다른 여인과의 사이에서도 많은 아이들을 얻었다.

하지만 그의 자식들은 대부분 괴물이거나 사람들에게 불행만 가져다줄 뿐이었다.

포세이돈이 바다의 신임을 떠올려 보면 그리 놀랄 만한 일도 아니다. 인간은 언제나 거친 파도에 시달리고 폭풍우에 목숨을 잃곤 했으니 말이다.

바다는 마치 자석처럼 용기 있는 자들을 끌어당긴다. 얼마나 많은 뱃사람들이 거품 이는 파도 아래로 휩쓸려 갔으며, 또 얼마나 많은 인간의 꿈과 희망들이 마치 난파선처럼 바닷물 속으로 빨려 들어갔던가! 절망감에 사로잡혀 몸부림치며, 사랑하는 사람이 돌아오기를 간절히 기다리는 사람은 또 얼마나 많았던가!

하지만 바다의 신은 대부분의 시간을 배를 보호하고, 배들에게 부드러운 바람을 보내 안전하고 빠르게 항해할 수 있도록 도우면서 보냈다.

포세이돈은 파도를 지배하는 신인 동시에 그리스의 신이기도 해서 적들로부터 조국을 지키려 했다. 그래서 페르시아의 크세르크세스 왕이 그리스를 정복하러 왔을 때, 바다를 후려치고 휘저어 산더미 같은 파도를 일으켜서 페르시아 함대를 난파시켜 버렸다고 한다.

또 살라미스 해전에서는 페르시아 사람들을 혼란스럽게 만들어 그리스가 큰 승리를 거두도록 도왔다는 이야기가 전해진다.

포세이돈의 아들 안가이오스

그리스 사람들은 용감한 뱃사람들을 포세이돈의 아들이라고 말하곤 했다. 그들 중에서 가장 유명한 사람은 비잔틴 제국을 세운 비자스였다.

또 사모스라는 도시를 세운 포세이돈의 또 다른 아들

안가이오스에게는 곱씹어 볼 만한 교훈적인 이야기가 따라다닌다.

안가이오스는 노예들을 혹독하게 다룬 엄하고 무자비한 지배자였다. 그는 포도밭을 가지고 있었는데, 작업을 빨리 끝내려고 노예들을 심하게 매질하면서 열심히 일하라고 윽박질렀다.

이를 견디다 못해 대담한 노예 하나가 용기를 내어 자신의 지배자에게 격언 하나를 말했다.

"쟁기를 끌고 있는 소는 결코 죽이지 말라."

"그게 어쨌다는 거냐?"

안가이오스는 고래고래 소리를 질렀다.

"말 그대로입니다, 주인님. 나리께서 부와 권력을 누리실 수 있도록 고생하는 저희들에게 이렇게 대하는 것은 결코 옳은 일이 아닙니다. 감히 더 말씀을 드리자면, 그렇게 재촉하셔도 아무 소용 없는 일입니다. 왜냐하면 주인님께서는 절대로 이 포도밭에서 나온 포도주를 맛보실 수 없기 때문입니다."

이 말을 들은 안가이오스는 견디기 어려울 만큼 화가

났지만 아무 말도 할 수 없었다. 노여움보다 두려움이 앞섰기 때문이었다.

그 당시엔 많은 사람들이 앞일을 내다보는 능력을 가지고 있다고 믿었고, 또 그 힘은 자유인보다 노예에게서 더 강하게 나타나곤 했기 때문이다.

그로부터 3년이 흘렀다. 포도나무에는 포도가 주렁주렁 매달려 가지가 축축 늘어져 있었다. 포도즙을 짜내 발효를 시키고 이제 통을 따서 맛볼 일만 남았다.

안가이오스는 잔을 들고 3년 전 자신에게 불길한 예언을 했던 그 노예를 불렀다.

"이리로 오너라!"

안가이오스가 소리쳤다.

"내 잔에 포도주를 가득 따르거라."

노예는 아무 말 없이 안가이오스가 시키는 대로 했다.

"다른 사람의 잔도 모두 가득 채우도록 해라. 물론 네 잔도 채워야겠지."

잔이 모두 채워지자 안가이오스는 잔을 높이 들고 그 노예를 비웃으며 말했다.

"전에 네가 한 말을 기억하느냐? 이리 오게나, 친구여. 너의 건강을 위해 건배!"

그러자 노예가 대답했다

"저는 주인님이 병들기를 바라지 않습니다. 하지만 어찌하면 좋겠습니까? 원래 손에 든 떡도 넘어가야 제 것인 법입니다."

이 말이 끝나는 순간, 겁에 질려 울부짖는 소리가 들려

왔다.

"멧돼지다! 멧돼지가 포도밭을 뒤엎고 있다!"

안가이오스는 즉시 잔을 내려놓고 무슨 일인지 알아보려고 달려 나갔다. 그러자 사납게 날뛰던 멧돼지가 냅다 그에게 달려들어 그를 죽여 버렸다.

포세이돈은 아들의 운명이 이토록 비극적으로 끝맺었다는 사실을 알고, 끓어오르는 울분을 참을 수 없었다. 거친 바다에는 산더미 같은 파도가 몰아쳤다.

바다에 나가 있던 사람들은 목숨을 걸고 사나운 파도와 싸워야 했다. 배에 타고 있던 수많은 사람들은 영원히 돌아오지 못했다.

성난 파도는 미친 듯이 바위를 때려 부수었고, 하늘을 향해 물보라를 내뿜었다.

그 뒤 포세이돈의 화가 가라앉고 바다가 원래 모습을 되찾기까지는 오랜 시간이 걸렸다.

헤스티아

겸손한 여신

위대한 시인 호메로스의 말을 빌리면, 올림포스의 모든 신들 가운데에서 헤스티아만큼 인간의 사랑과 존경을 받은 신은 없었다고 한다.

헤스티아는 참으로 겸손한 여신이었다.

그녀의 이름에는 기억에 남을 만큼 인상적인 신화가 따르지는 않는다.

소박하고 겸손했던 헤스티아에게는 손에 땀을 쥐게 하는 모험이 생기지 않았다. 그리고 대단한 공을 세워 영광의 관을 쓴 적도 없었다.

그런데도 사람들은 다른 누구보다도 이 여신을 높이 받들었다. 도대체 어떤 신이 집집마다 차려져 있는, 불 켜진 제단을 자랑할 수 있겠는가?

사람들은 식탁을 차리면 먼저 헤스티아에게 음식을 바쳤다. 그리고 식사를 마치고 일어설 때도 항상 그녀에게 감사의 기도를 드렸다.

다른 신에게 제물을 바칠 때도 항상 그녀의 이름을 부르며 찬송가를 부르기 시작했던 것이다.

가장 사랑받는 신

그다지 대단한 능력을 보이지 않는 이 여신이 사람들로부터 큰 존경을 받았던 까닭은 무엇이었을까?

대답은 간단하다. 헤스티아는 가정과 꺼지지 않는 불의 여신이었기 때문이다.

하지만 단지 그 이유만으로 그토록 큰 사랑을 받을 수 있었을까? 우리는 그 이유를 알아 내기 위해 아주 오래된 옛날로 되돌아가는 여행을 떠나야만 한다.

우리는 상상의 날개를 달고 멀고 침침한 시대로 날아가야만 한다. 그리고 한 해 가운데에도 추운 겨울 저녁으로 떠나 노동으로 생계를 이어 가는 평범하고 보잘것없는 집으로 살그머니 들어가 보는 것이다.

　그들이 사는 모습을 보면 깜짝 놀랄지도 모른다. 왜냐하면 그들의 집은 아무런 장식도 없이 단지 네모난 방일 뿐이기 때문이다.

　방 한가운데는 '헤스티아'라고 부르는 낮은 화로가 있

는데, 이것이 바로 그녀를 위한 제단이다. 땅 위에 있는 모든 화로가 곧 헤스티아에게 바쳐진 제단이었던 것이다.

화로 위에는 불이 붙은 통나무가 불꽃을 튀기며 타고 있다. 천장 한가운데는 연기가 빠져나가는 구멍이 나 있다. 불 위에는 음식이 보글거리며 끓고 있고, 어머니가 이것을 지켜보고 있다.

어머니는 냄비를 불에서 내려 뚜껑을 열어 본다. 그러자 금세 맛있는 수프 냄새가 온 방 안에 가득 퍼진다.

가족들이 모두 화롯가에 모여 앉는다. 이들은 따뜻한 불가에서 몸을 녹이면서, 일터에서 보낸 길고 힘들었던 하루의 피로를 푸는 것이다.

아이들은 불가를 맴돌며 아버지의 목에 매달리거나 할아버지의 무릎에 앉고 싶어 야단이다. 어머니는 김이 모락모락 나는 수프를 정성스레 내놓고 애정이 가득 담긴 눈으로 온 가족을 지켜보고 있다…….

낯선 가정에 살금살금 숨어 들어온 우리는 이제야 궁금증을 모두 풀 수 있다.

사람들은 단란한 가족이 주는 따스함과 평화, 그리고

삶을 그 무엇보다도 사랑했기 때문에 그토록 헤스티아를 숭배했던 것이다. 그리고 우쭐대는 신보다는 겸손한 신을 더 가깝게 여기고 사랑했던 것이다.

헤스티아는 제우스의 누나이자 무시무시한 크로노스의 딸이었다. 아테나 아르테미스처럼 그녀도 순결한 여신이었다.

헤스티아의 유일한 소망은 사람의 마음을 따뜻하게 하는 것이었다. 집집마다 타오르고 있는 불꽃은 그녀가 가진 따뜻한 힘의 상징이었다. 그러므로 화로의 불씨를 꺼뜨린다는 것은 있을 수 없는 일이었다.

만약 불씨가 꺼져 버리면 그 집에는 곧 재앙이 찾아왔다. 그때로서는 불을 지피는 것이 쉽지 않았으므로, 불이 꺼져 버린다는 것은 끔찍한 불행이라고 말하는 것이 전혀 과장이 아니었다.

그래서 집집마다 화로의 불은 대를 이어 전해졌다. 아이가 자라서 결혼하면 아버지의 집에서 불붙은 숯 덩어리를 얻어 새 집에 불을 지폈다.

불꽃은 수백 년, 심지어 수천 년 동안이나 빛과 따스함을 그대로 간직하면서 아버지로부터 아들에게 전해졌다. 그러므로 이는 '조상님의 화로'였던 것이다.

화롯불이 꺼질 위험이 닥치면 사람들은 목숨을 걸고 불을 지켰다. 그것이 곧 아이들과 아내, 늙으신 부모, 그리고 가정을 지키는 일이었기 때문이다.

이렇게 불씨를 지키는 일은 가정의 문제만은 아니었다.

당시에는 모든 도시에 '프리타네이온'이라는 공공건물이 있었다. 이 건물의 가장 큰 방 한가운데에도 헤스티아에게 바쳐진 제단이 서 있었고, 거기에는 꺼지지 않는 불이 늘 타고 있었다.

사람들이 식민지를 찾아 멀리 떠날 때면 새로 개척한 도시의 제단에 불을 붙이기 위해 이 제단의 불을 가져갔다. 이 불길을 보면서 그리스 사람들은 새로운 도시와의 신성한 결속이 언제까지나 계속될 것이라고 믿었다.

그것은 또한 조국을 떠나 더 넓은 세상으로 나가고 싶은 억누를 수 없는 갈망의 상징이기도 했다.

헤스티아는 가족의 여신이었으므로 아이들을 사랑하고 보호했다. 알케스티스는 남편을 대신하여 저승으로 떠나면서 자신의 아이들을 헤스티아에게 맡겼던 것이다.

  알케스티스의 인정 넘치고 희생적인 신화를 알아보는 것은 나중에, 헤라클레스가 등장할 때까지 미뤄 두기로 하자.

정재승이 추천하는
뇌과학으로 신화 읽기 《그리스·로마 신화》

제1권 키워드 권력
　제우스 헤라 아프로디테

제2권 키워드 창의성
　아폴론 헤르메스 데메테르 아르테미스

제3권 키워드 갈등
　헤파이스토스 아테나 포세이돈 헤스티아

제4권 키워드 호기심
　인간의 다섯 시대　프로메테우스　대홍수

제5권 키워드 놀이
　디오니소스 오르페우스 에우리디케

제6권 키워드 탐험
　다이달로스 이카로스 탄탈로스 에우로페

제7권 키워드 성장
　헤라클레스

제8권 키워드 미궁
　페르세우스 페가소스 테세우스 펠레우스

제9권 키워드 용기
　이아손 아르고스 코르키스 황금 양털

제10권 키워드 반전
　전쟁 일리아드 호메로스 트로이

제11권 키워드 우정
　오디세우스

제12권 키워드 독립
　오이디푸스 안티고네 에피고오니